Comprendre les

TENDANCES

« Aujourd'hui,
je vais te faire une leçon de tendance
que tu vas pas en revenir
parce que grâce à moi tu vas comprendre
un peu mieux un phénomène
fachione super trendy qui fait fureur. »

Caroline dans « Leçons de mode »
sur le blog
www.penseesderonde.mabulle.com,
10 octobre 2007.

www.editionsduchene.fr

Dominique Cuvillier

Comprendre les TENDANCES

CEUX QUI LES FONT ET LES DÉFONT

chêne

SOMMAIRE

note : les schémas placés en regard des documents renvoient également aux légendes et aux crédits pp. 308 à 311.

INTRODUCTION

graphic

COMMENT LE ROSE VIENT-IL À LA MODE ET ENVAHIT-IL NOTRE ENVIRONNEMENT ESTHÉTIQUE ? Comment le court apparaît-il après le long ? Pourquoi imitons-nous la coiffure de Madonna ou de Tokio Hotel ? Pourquoi cédons-nous aux frayeurs d'Halloween ou aux délices de la Saint-Valentin ? Pour quelle raison employons-nous telle expression « à la mode » ? Pourquoi le squash très « tendance » dans les années 1980, ne l'est-il plus aujourd'hui ? Pourquoi le jogging perdure-t-il au contraire ? Pourquoi les tatouages et les piercing réservés aux forbans sont-ils devenus « branchés » ? Comment naît et meurt une tendance ? Qui décide des tendances qui émergent sur l'écume de notre consommation ? Sommes-nous manipulés ?...

Les tendances recouvrent un spectre très large : la consommation, mais aussi les pensées politiques, les phénomènes sociaux, les stratégies économiques, les courants langagiers, les coutumes locales, la vie culturelle, les évolutions démographiques, les changements scientifiques, les usages et les attitudes... Autant de champs susceptibles d'exercer une influence sur les individus, sur les marchés, sur la marche du monde.

Dès lors qu'il y a une impulsion, un mouvement, un penchant, une tendance éclot ; reste à lui trouver le terrain d'élection pour se déployer. Car l'épanouissement d'une tendance induit obligatoirement une ample diffusion : chacun (ou presque) veut inhaler l'air du temps pour appartenir à son époque, ne pas être déclassé ; une tendance confidentielle portée par une « société secrète », par quelques individus, une poignée d'initiés triés sur le volet, est au mieux un rituel mais en aucun cas un phénomène tendanciel.

Les tendances existent depuis que l'homme est parti à la conquête du monde : les empereurs, rois et princes qui gouvernaient, dictateurs des goûts collectifs, ont donné le ton et imposé l'esthétique de leur temps. Deux millénaires d'autoritarisme bousculés au XIXᵉ siècle par la naissance de la société industrielle. La France, terre d'élection de la mode universelle, devient le champ fertile d'une nouvelle conception de la création avec la naissance des « tendances » : une vision intuitive qui définit les périmètres de la consommation. Au fil des années 1950, cette société de consommation s'installe et se développe, des gourous prennent alors le pouls des marchés... et le pouvoir ! Ces mentors inventent un système d'émergence des tendances de manière totalement empirique en moins d'un demi-siècle.

Décennie de la révolution, les années 1960 confrontent les idéologies libertaires et conservatrices. Les précurseurs Fred Carlin, Maïmé Arnodin, Denise Fayolle, Françoise Vincent, Dominique Peclers, Nelly Rodi, puis ensuite Lidewij Edelkoort, Edith Keller, Françoise Serralta, Vincent Grégoire et quelques autres... flairent l'air du temps, décident du sens du vent « consommatoire », imposent leurs intuitions ; en personnalités visionnaires, ils savent qu'il faut démoder toujours plus vite et toujours plus souvent l'existant, rendre obsolète, imposer du neuf pour assouvir l'appétit d'une société impatiente, d'une société jeune.

Leur rôle ? Donner une représentation à un instant donné d'un mouvement, dessiner une vision stylisée des marchés, créer ou révéler des phénomènes de mode artificiels ou qui s'appuient sur une réalité sociétale, définir les tendances du moment qui, par petites touches, transforment le quotidien des gens et pénètrent le corps social. Intuitifs et inspirés, ces visionnaires portent un regard d'avant-garde sur l'environnement marchand qui se déploie à grande vitesse.

Dix ans plus tard, le monde a changé, le premier choc pétrolier secoue l'économie mondiale, les élans joyeux s'abîment dans l'or noir. Les hippies vieillissent ;

DOUBLE PAGE PRÉCÉDENTE : *Bill Kaulitz, le chanteur star de Tokio Hotel, est aussi un « influenceur » auprès des jeunes générations.*

À GAUCHE : *La mode et plus largement le textile ont inventé le système des tendances.*

1. *Ghislaine Dubrulle-Michaux, styliste travaillant pour Fred Carlin en 1967.* **2.** *Françoise Serralta, « tête chercheuse » à l'agence PeclersParis.* **3.** *Un des tout premiers forums de tendances des Tissus de Lyon réunissant des tisseurs qui décident d'aller au-devant des marchés.* **4.** *Vincent Grégoire, tendanceur spécialisé dans l'art de vivre de l'agence NellyRodi.* **5.** *Lidewij Edelkoort, visionnaire emblématique du cercle restreint des « faiseurs de tendances ».* **6.** *Dominique Peclers, grande spécialiste des tendances et figure de style.* **7.** *Edith Keller, l'intuition raisonnée d'une femme d'affaires.*

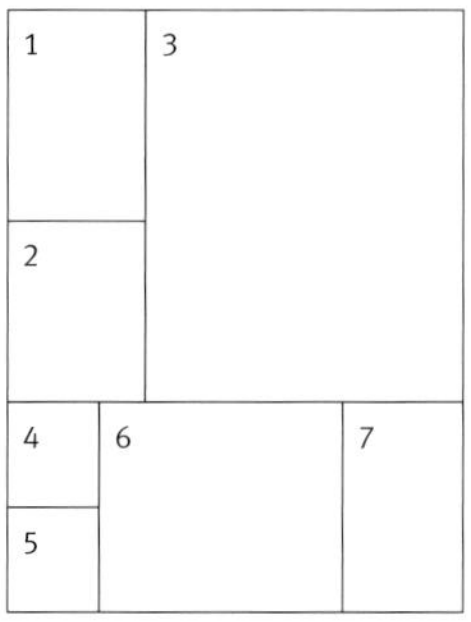

leurs contestations au placard, ils endossent une nouvelle doctrine, celle de l'hédonisme, du plaisir ostentatoire ripoliné par les années 1980. Les mentors inspirés des tendances s'essoufflent : la société de consommation (dans les pays riches évidemment) sature de ses excès. Les individus ne veulent plus simplement « subir », ils veulent être acteurs de leur mode de consommation, de leur façon de vivre, de leur modèle de pensée : le pragmatisme règne en maître, l'individuation exige de prendre en compte la multitude des différences. Ils étaient des consommateurs, ils se métamorphosent en « consomm'acteurs » refusant de se laisser manipuler aussi aisément que par le passé.

Une nouvelle race de « tendanceurs » (sociologues, ethnographes, *cool hunters*, leaders d'opinion...) infiltre alors la société pour en décrypter les mouvements ou plus simplement pour créer des effets de mode plus proches des individus, désormais acteurs de leur choix... Au passage de l'an 2000, la société doute à nouveau, l'éthique tarabuste chacun, coupable de ses outrances, angoissé face à un monde qui semble rétrécir à vue d'œil.

LES TENDANCES SONT PARTOUT !

Aujourd'hui, dans notre environnement extrêmement fébrile, les tendances sont très « tendances ». Fortement médiatisées, elles foisonnent à la télévision, à la radio, dans les pages des journaux économiques, des magazines de mode, sur les blogs du Net et amalgament en vitesse accélérée les nouveaux produits, les comportements des « people » et des anonymes, les attitudes

de consommation émergentes, les faits de société anecdotiques, le nouvel art de vivre et de paraître, les manières de manger et de boire, les pratiques sportives, les vogues automobiles... Souvent décrites, rarement décodées, elles forment un formidable miroir de notre époque parce qu'elles reflètent nos états d'être et nos états d'âme, la complexité de notre société ouverte sur le monde. Il semble bien impossible de leur échapper tant elles imprègnent profondément notre culture, parfois jusqu'au culte béat!

●●●

Double page suivante:
Fred Carlin, l'ingénieur qui a su voir plus loin.
Nelly Rodi, le sens de la prospective et un talent créatif.

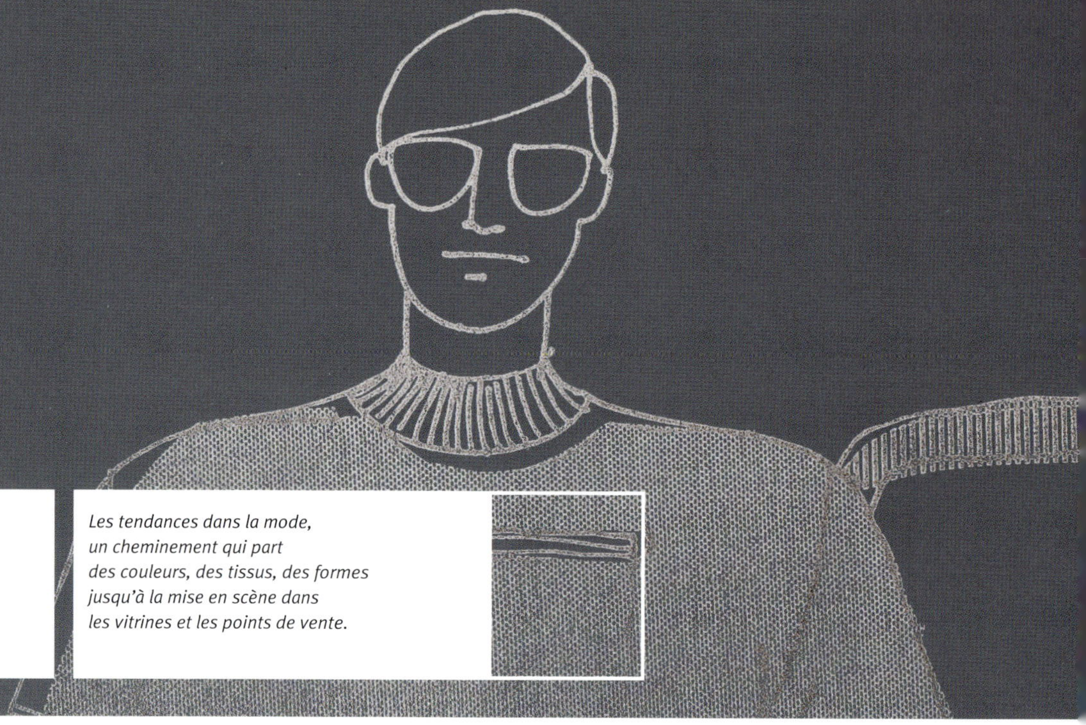

1 2 3

Les tendances dans la mode,
un cheminement qui part
des couleurs, des tissus, des formes
jusqu'à la mise en scène dans
les vitrines et les points de vente.

NDANCES PREMIÈRE VISION HIVER 87-88 DANS LES VITRINES : QUOTIDIEN

La presse, un formidable vivier de révélation mais aussi de création des tendances et des attitudes de consommation.

L'EXQUISE MANIPULATION

Notre société fourmille de produits, de marques, d'attitudes, d'habitudes, d'envies, de mots, d'images, d'informations... Il suffit de se promener entre les linéaires des hypermarchés, dans les rues de nos cités, de feuilleter les magazines, d'écouter la radio, de regarder la télévision, de surfer sur Internet pour se faire une petite idée de cet encombrement : une pléthore de signes qui tentent de faire sens et nous interpellent, des petits bonheurs fugaces, indispensables, incontournables, en réalité souvent inutiles qui cherchent à nous ravir. Jusqu'à la saturation...

Aujourd'hui et bien plus qu'hier, dans une société d'images et d'apparences, un produit, une marque sont un « renforceur d'identité[1] ». Ils viennent conforter notre distinction, rappeler que nous appartenons au corps social, que nous ne sommes pas exclus du système. Ils disent haut et fort que nous avons le bon goût, celui du moment, que nous sommes dans le mouvement général du monde, car « les tendances sont souvent au confluent d'évolutions sociologiques et de choix esthétiques[2] ». Pourquoi acheter un objet « à la mode », sinon pour asseoir notre personnalité, flatter notre ego et démontrer que nous saisissons les enjeux de la grande parade sociale. Être dans la tendance participe à notre élévation individuelle...

Pour rien au monde, nombre d'individus ne voudraient se faire taxer de ringards, supporter le bannissement du déclassement social. Le pendant

1. Eckhart Tolle, *Nouvelle Terre*, Éditions Ariane, 2005.
2. Guillaume Erner, *Sociologie des tendances*, PUF, 2008.

1

2

Chaque saison, de nouvelles histoires de mode instillent d'autres visions stylistiques.

négatif du branché réside en effet dans ce statut infamant de l'individu, porteur de la marque, du produit « passés de mode », jeté dans le puits morne de l'obsolescence. La petite mort avant le grand saut... : être tendance, c'est aussi rappeler que nous sommes bien vivants.

Idem pour les entreprises qui profitent pleinement de la démocratisation des tendances pour vendre tant et plus. Alors, afin de ne pas devenir une victime du mépris, de l'indifférence ou plus simplement de la non-envie des consommateurs, elles se battent pour demeurer dans le *main stream* de la consommation, dans le grand flot du désir collectif, elles veulent s'inscrire dans LA tendance du moment, elles réclament le statut de branché, s'échinent à se loger dans la grande matrice des marchés... qui marchent !

Pour autant, nous n'avons aucune obligation à suivre les tendances ; de nos jours, il est possible d'ignorer les nouveaux effets de mode des créateurs en vogue, de se moquer des couleurs de la saison, de ne pas afficher la paire de lunettes branchée, de ne pas acheter le téléphone mobile « *super fashion* », de ne pas fréquenter le lieu « *top hype* » où tout le monde va, de ne pas être anesthésié par les sirènes mélodieuses de la société de consommation... Oui, c'est possible. La vague « no logo » qui a déferlé en 2000, les apôtres de la décroissance et le mouvement antimondialiste ne disent pas autre chose : échapper à la tyrannie des tendances. Un phénomène dit de « résistance » rattrapé par le système en devenant une posture à la mode, une attitude... tendance ! Tout se recycle...

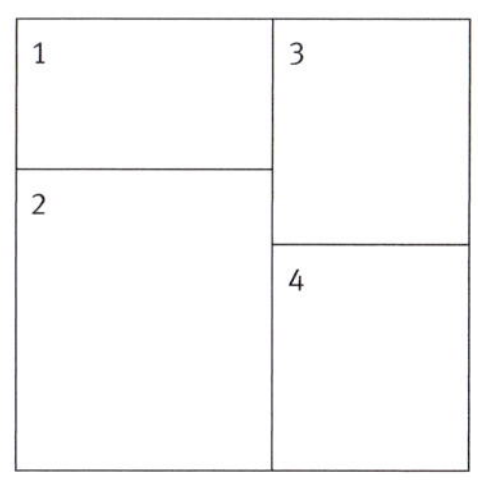

Tous les secteurs de la consommation sont aujourd'hui traversés par les « tendances » du moment.

Beaucoup d'entre nous acceptent l'exquise manipulation par les tendances (en défendant un libre arbitre !) pour marcher dans les pas de la modernité. Et souvent, bien souvent, nous sommes inconsciemment « à la mode » parce que nous appartenons tout simplement à notre époque, chacune générant un style dont nous endossons malgré nous les effets de mode. Pour être « à la mode », ne suffit-il pas tout simplement de respirer « l'air du temps » ?

1 2 3 4

De l'esquisse des produits
au choix des matériaux
et aux définitions des ambiances
dans les espaces de vente,
le « pouvoir » des tendances guide
l'esthétique du temps.

ANTAISIES
DE LUXE

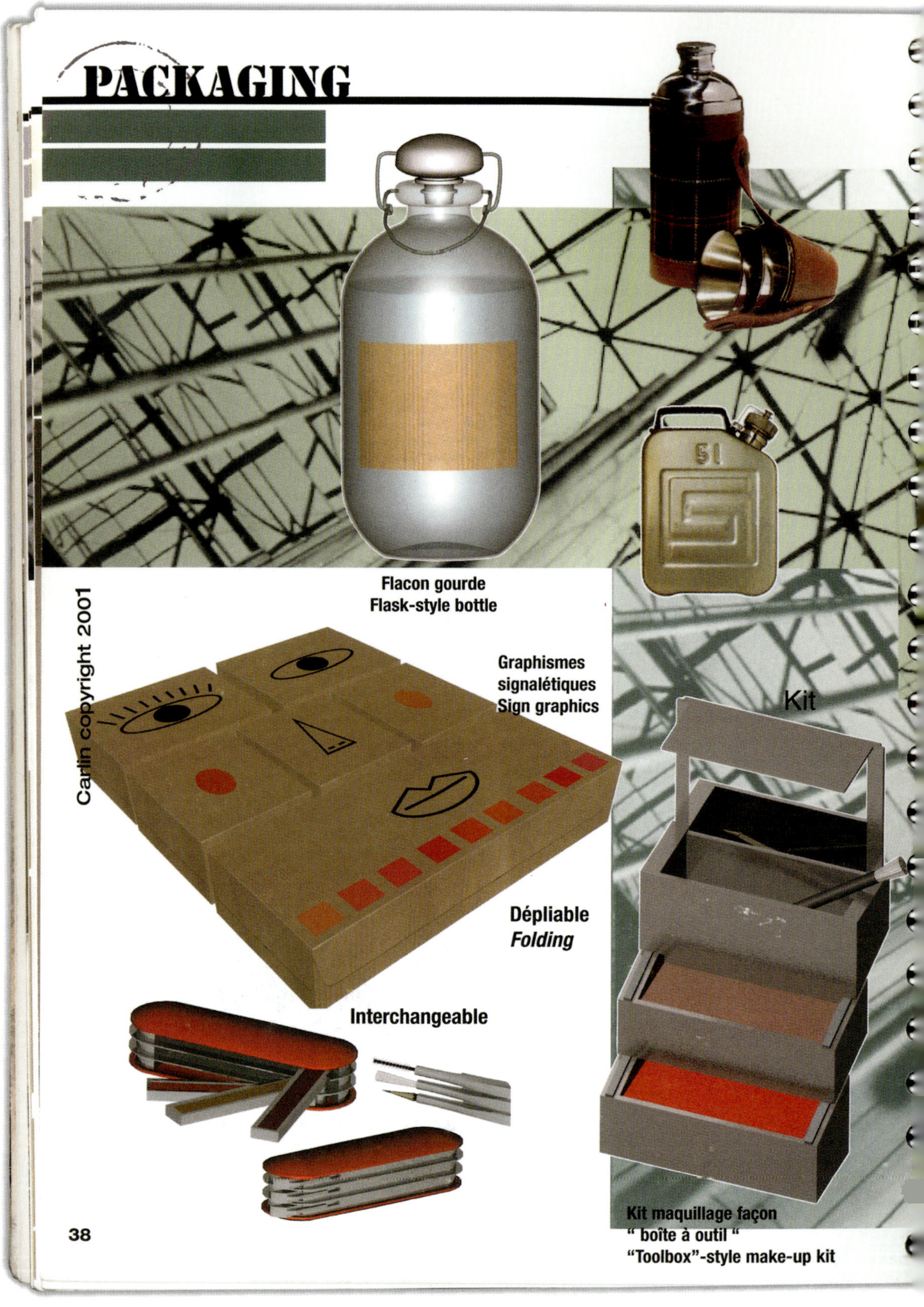

Les cahiers de tendances aujourd'hui touchent les objets du quotidien, les produits high-tech, la décoration, l'alimentation, l'automobile, le packaging, l'environnement...

Shopping

Shopping

Shopping

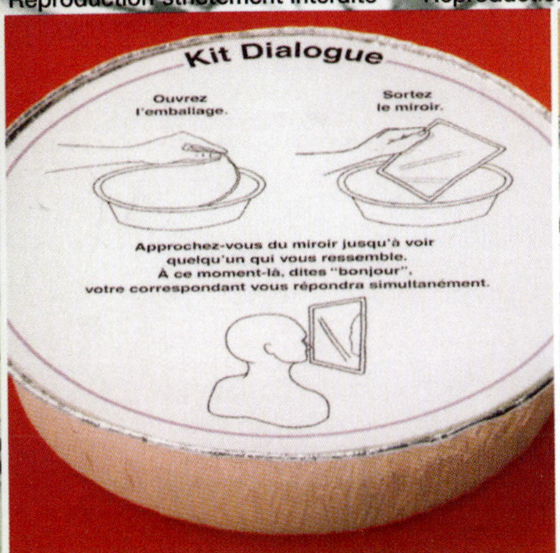

A l'avant-poste des consommateurs, les emballages ont un rôle fonctionnel et un impact séducteur. Sac, gamelle, bidon, outils jouent les objecteurs de conscience pour ne pas se cantonner à leur seul utilitarisme mais pour se faire objets de désir et d'humour.

At the consumer outpost, packaging has a functional role and a seductive impact. Bag, mess kit, jerrycan, and tools play conscientious objectors so as not to merely confine themselves to utilitarian quarters but to become objects of desire and humor.

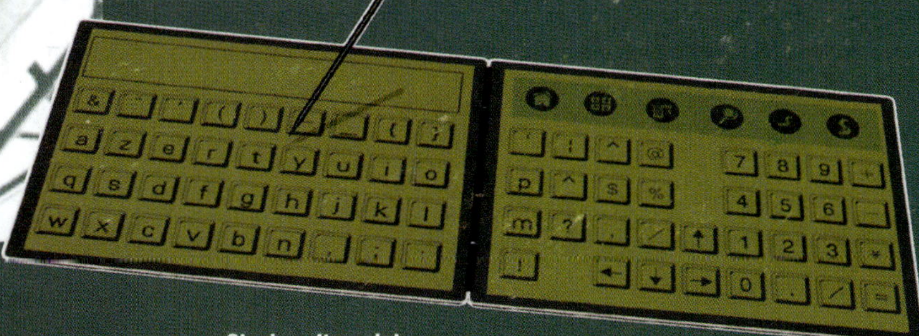

Clavier ultra-plat
Ultra-flat keyboard

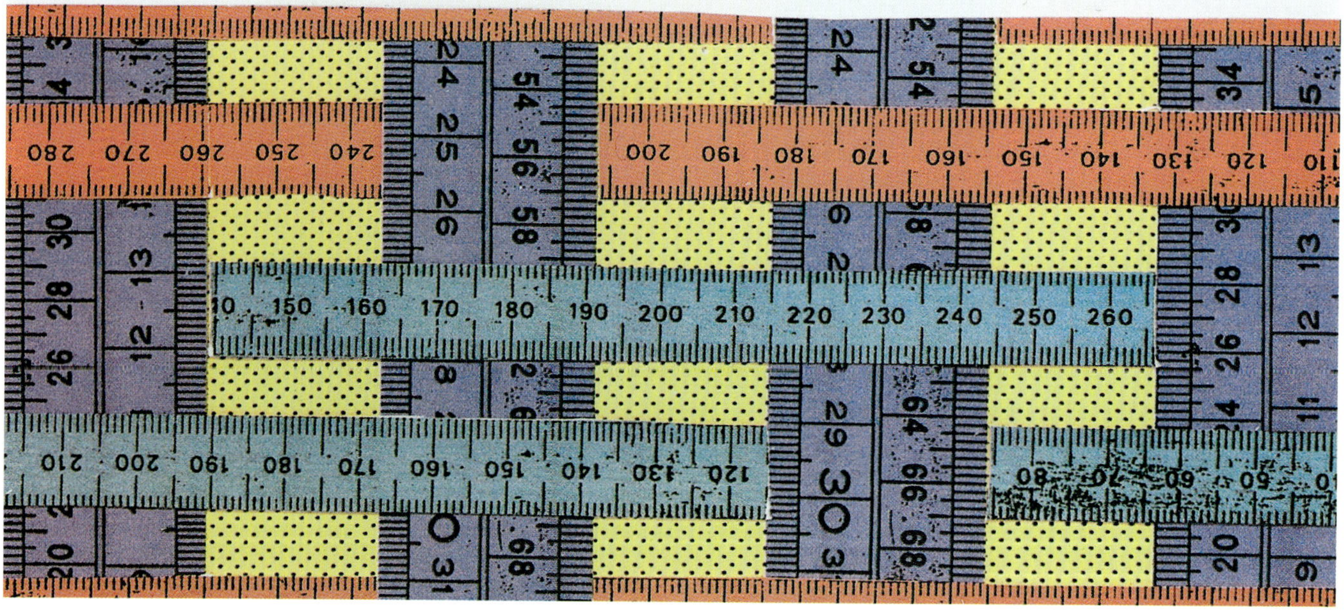

LE PSCHUTT, L'URFE, LE VLAN

Les tendances poussent à agir d'une certaine manière, impulsent des façons d'être, transforment notre environnement esthétique et tentent de rassurer notre ego enflé comme une baudruche depuis que nous nous sommes émancipés, depuis que nous nous sommes autonomisés. À moins qu'il ne s'agisse de nous créer des angoisses à ne pas être dans le ton social en vogue : les tendances sont très souvent anxiogènes dès lors qu'on ne semble pas les saisir…

Socialisantes et égalitaristes, elles ont été largement démocratisées par la société marchande qui n'a de cesse de multiplier les « effets de mode » pour faire consommer davantage, entretenir le culte du matériel, nous inciter à « faire comme tout le monde ».

IMPULSION SUBIE OU CHOISIE ?

S'il existe des tendances de surface, légères et versatiles comme une couleur, une expression ou un objet, certaines tendances inscrites dans le long terme modifient en profondeur notre façon de penser, d'être, de vivre. Ainsi en va-t-il de l'écologie, une philosophie politique molle devenue une tendance dure depuis 2006 avec la sortie du film documentaire *Une vérité qui dérange*, réalisé par Davis Guggenheim avec Al Gore en tête d'affiche. Le catastrophisme des images et une médiatisation bien orchestrée favorisant les émotions manichéennes aux dépens de l'analyse ont lancé le mouvement : l'écologie est à la mode. Comme une vérité qui tombe sous le sens, la manipulation

Couleurs et motifs donnent le ton aux influences du moment.

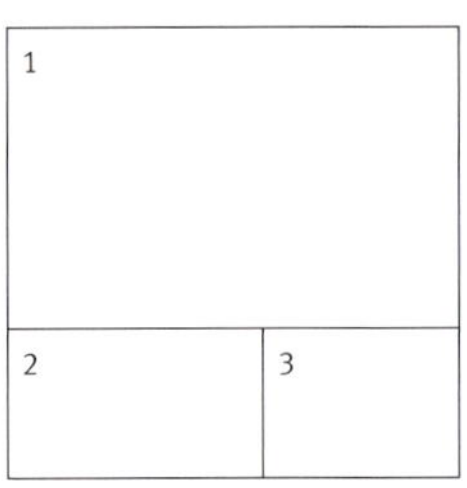

Phénomènes futiles,
phénomènes profonds,
les tendances déterminent
nos façons d'être
et nos modes de vie.

UNE CONSOMMATION SUGGÉRÉE

fonctionne, chacun peu ou prou adhère à l'idéologie du réchauffement climatique « pour penser comme tout le monde », même quand il s'agit simplement de trier ses poubelles ou de chevaucher un Vélib' : ces gestes-là sont tendances !

« L'autonomie est une forme très évoluée de la personne humaine[3]. » Les tendances, quand nous décidons de les suivre et même quand nous les subissons, apportent une sorte d'aisance à cette autonomie, rassurent notre moi comme un médicament placebo : ça ne fait pas forcément de bien, mais ça ne peut pas faire de mal... Nous ne sommes nullement obligés d'adhérer aux tendances, nous l'avons dit, pourtant, nous le faisons – souvent spontanément, pour affirmer notre appartenance au monde, pour faire partie de la majorité... des stéréotypes ! Dans une société de l'instantané comme la nôtre où le shopping est devenu la première activité sociale, souscrire aux tendances est une façon de souligner que nous sommes « dans l'air du temps », que nous appartenons à la réalité « dernier cri », que nous ne sommes pas « hors du coup ». Pour exister, affirmer ou réaffirmer notre appartenance à la société de l'abondance qui déroule son tapis rouge sous nos pas.

Dans le secteur des produits technologiques (téléphone portable, ordinateur, hi-fi...), une nouveauté chasse l'autre dans un enthousiasme perpétuel qui étonne. Qui épuise. Nous sommes (presque) tous des « néopathes » (du grec *neos*, nouveau et *pathos*, maladie), des patients impatients et incurables dont le seul vocable « nouveau » électrise les réflexes conditionnés. Qu'on se rassure, une affection bénigne pourvu qu'on ne tombe pas dans l'addiction. Beaucoup, philosophes en tête, parlent volontiers d'aliénation : nous nous croyons libres, alors que nous sommes égarés dans les méandres sournois de l'influence téléguidée par la « main invisible » des marchés dans nos désirs, nos besoins, nos achats, nos pensées, nos opinions, nos attitudes, nos habitudes.

Les « conditionnements psychiques – techniquement produits, consciemment ou inconsciemment sécrétés par le capital pour le maintien de sa puissance et l'expansion de ses débouchés – [nous] déterminent tout entier[s] à [notre] insu[4] ». Et déterminent nos pulsions consommatoires : les tendances seraient alors le cheval de Troie de ce vaste système qui nous invite à ne pas être désarçonnés socialement en ouvrant tout grand notre portefeuille chez les marchands et les faiseurs... Voire, l'explication est un peu courte.

3. Jacques Païtra, *La Société de l'autonomie*, Éditions d'Organisation, 2000.
4. Maurice Clavel, *Qui est aliéné ? Critique et métaphysique sociale de l'Occident*, Flammarion, 1970.

Les bureaux de style conceptualisent en mots et en images les influences majeures qui émergent.

Avant les applications méthodiques de l'économie marketing, toutes les époques ont généré leurs manies, leurs manières, leurs esthétiques « à la mode ». Quand en 1900, il fallait être « pschutt », « urfe », « vlan » ou encore « smart » et même « époilant » pour affirmer son intégration à la modernité qui se déroulait, vingt ans plus tôt, on recherchait tout simplement les « nouveautés » pour avoir l'air d'être à l'aise avec son époque, les premiers temps modernes de l'industrie et des grands magasins. En 1920, il fallait davantage afficher ses « tocades », ses « manies » pour dire déjà qu'on était gagné par la fièvre acheteuse... Dans les années 1960, on se voulait plutôt « pop » et « dans le vent » pour signaler son adhésion à la culture du moment... Les années 1980 ont sanctionné ce qui était « *in* » et « *out* » et cultivé le « *show off* »... Aujourd'hui, la tendance est d'être « cool » et « chébran », forcément « chébran », de nos jours, il faut que « ça déchire »...

La désuétude de la « branchitude » s'accélère davantage et se mondialise amplement avec les nouvelles technologies de l'information et de la communication (NTIC) qui nous « pluguent » avec un réel déformé par les écrans plats de notre conscience. La phénoménale Grande Toile qui enveloppe la planète a globalisé nos modes de vie : tout le monde singe tout le monde ! Avec un bémol toutefois : jamais la diversité n'a été aussi forte, démultipliée par les individualités (il y a plus de 100 millions de blogs actifs sur les quatre continents) qui revendiquent une existence affranchie à la lumière du monde virtuel. « La pratique quotidienne de l'autonomie dans un système social complexe et divers implique une vraie culture de la différence[5]. » Alors, tous semblables ? Oui en apparence, mais avec nos différences pour marquer notre individualité et... nos indifférences pour témoigner que nous ne sommes pas dupes du système ! Sous nos cieux, la tendance, c'est aussi s'enfermer dans la carapace de l'égotisme, regarder le monde avec des lunettes noires... à la dernière mode bien sûr !

5. Jacques Païtra, *op. cit.*

PLEASURE PADS

SHOW TIME

DREAM LAND

DES MOUTONS ET DES MUTINS

La complexité du système social n'est pas sans poser de problèmes aux « tendanceurs », ceux-là même qui révèlent ce qui demain et après-demain animera nos désirs. Quand hier, il « suffisait » ou presque de décréter une tendance pour que chacun y plonge porté par l'allégresse des Trente Glorieuses et le conformisme de la société, aujourd'hui, il faut décortiquer une multitude d'individualismes à géométrie variable et instable.

En 1950, plus de 80 % de la population dans les pays occidentaux étaient traditionalistes, des conservateurs attachés aux valeurs morales collectives (travail, famille, patrie !) qui seront probablement moins de 20 % à l'horizon 2020, écrasés par la frange montante des indépendantistes et des anarchistes. Entendez par là des individus qui revendiquent leur autonomie avec force et ne s'en laissent guère conter, toujours prêts à organiser des « putschs » esthétiques, culturels, sociaux, politiques… pour marquer leur(s) différence(s) et leur(s) territoire(s).

UN PHÉNOMÈNE COLLECTIF

Le troupeau informe des moutons pourrait alors être chahuté par les phalanges incontrôlables des mutins. Mais les nouveaux puritains veillent pour forcer à tourner en rond une société qu'ils jugent un peu trop zigzagante… En attendant, les faits sont là, les tendances paraissent de plus en plus diffuses parce que chacun est devenu, ou presque, un vecteur de

Le secteur de l'automobile répond lui aussi à des logiques de styles, à des phénomènes de mode, à des courants esthétiques dans « l'air du temps ».

tendances, un porteur de sens, un individualiste qui entend bien faire fi de toute autorité supérieure et sacralisée... Vous, moi, pouvons demain lancer une tendance, le plus difficile étant de la diffuser très largement pour qu'elle devienne « à la mode », pour l'imposer aux... moutons !

« En observant les hommes autour de nous, on s'aperçoit vite que le désir mimétique, ou imitation désirante, domine aussi bien nos gestes les plus infimes que l'essentiel de vie[6]. » Et c'est bien là tout de ce qui différencie l'homme de l'animal ; quand l'un et l'autre sont foncièrement grégaires, le premier gambade « librement » en se glissant dans le troupeau sans forcément s'y perdre, alors que le second suit « bêtement » le cheptel et ne cherche pas à sortir de son anonymat. « L'imitation, c'est l'intelligence humaine dans ce qu'elle a de plus dynamique ; c'est ce qui dépasse l'animalité[7]. » Mais ce qui dépasse cette animalité, c'est aussi son aptitude à se laisser infiltrer par des désirs gratifiants. Après avoir assouvi ses besoins primaires – boire, manger, dormir –, l'homme a la capacité à s'émerveiller de l'inutile et du léger, du frivole et du nouveau. Ce n'est pas le cas des animaux.

L'homme postmoderne, le lambda actuel, veut se laisser porter par l'attrait captivant de la consommation-plaisir et par l'obsédante rivalité à ressembler à l'autre, en défendant l'idée qu'il ne ressemble qu'à lui-même, en affirmant qu'il n'est pas influencé par qui que ce soit ! Ce qui caractérise l'individu aujourd'hui est ce paradoxe à refuser les modèles tout en marchant avec les foules anonymes pour ne pas avoir l'air trop distinct : être à l'avant-garde, donc d'une certaine manière « hors du temps », exige beaucoup d'audace et un charisme qui échappe à beaucoup.

Heureusement, le génie marchand a inventé la tendance à la personnalisation des produits de masse ; ce leurre marketing permet de saupoudrer les indices de sa dissemblance, ou plus exactement de sa capacité à se distinguer de la multitude. Quand Nike propose à ses clients de customiser une paire de Air Max (un des modèles de baskets les plus vendus au monde) en choisissant la couleur des panneaux, des lacets, de la semelle intermédiaire, de la languette..., le leader mondial des articles de sport vend une sorte d'illusion unitaire, et répond à la tendance de l'individualisation très en vogue, « où la préoccupation dominante est l'accomplissement de soi[8] ». Tous pareils mais différents... en toute conscience ?

« Dès que nous désirons ce que désire un modèle assez proche de nous dans le temps et dans l'espace, pour que l'objet convoité par lui passe à notre portée, nous nous efforçons de lui enlever cet objet et la rivalité entre lui et nous est inévitable. C'est la rivalité mimétique[9]. » Rivalité entretenue par le système publicitaire et médiatique qui invite chacun à s'engager dans la compétition pour se montrer sous son meilleur jour, pour être à la « pointe des tendances » et... pour démoder le voisin !

En n'oubliant pas un paramètre important : le mouton-mutin revendique son individualité, mais il veut dans le même temps appartenir au peloton pour être certain que chacun sache qu'il en fait bien partie... On appelle cela la théorie de l'arroseur arrosé. Être tendance implique en effet de ressembler massivement aux autres !

DOUBLE PAGE SUIVANTE :
Véritable mouvement fédérateur, les tendances n'existent que si elles sont partagées par le plus grand nombre... d'individualités !

6. René Girard, *Celui par qui le scandale arrive*, Éditions Desclée de Brouwer, 2001.
7. René Girard, *op. cit.*
8. Guillaume Erner, *op. cit.*
9. René Girard, *op. cit.*

RAYURES LIGNES D'HORIZON
SKYLINE STRIPES

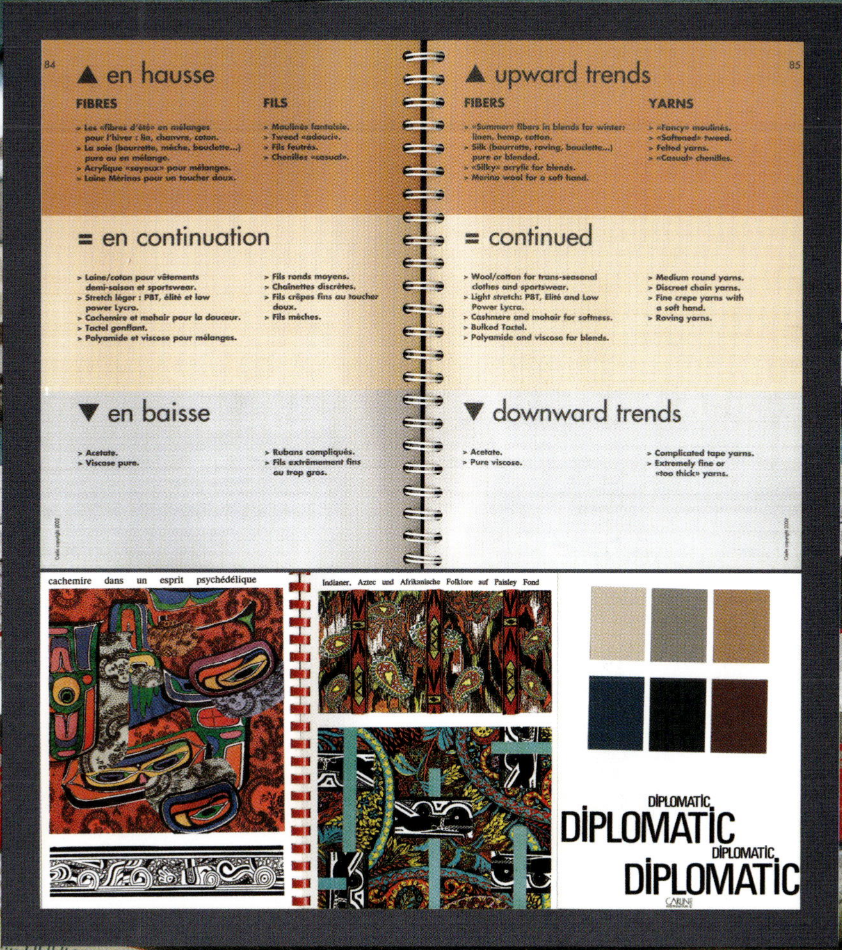

ÉTIQUETTE EN PAPIER
PAPER LABEL

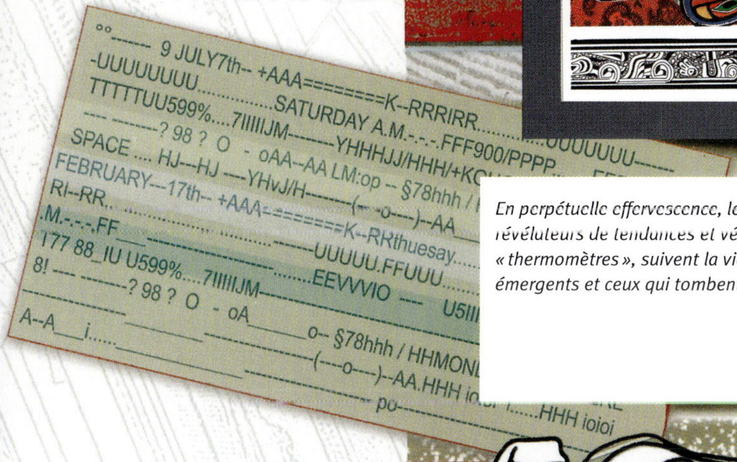

En perpétuelle effervescence, les stylistes, révélateurs de tendances et véritables « thermomètres », suivent la vie des phénomènes émergents et ceux qui tombent en désuétude.

1

2

Media Markt
Media Markt
Eingang im EG und im 2.OG

ALEXA
MARKT
WELT!
AM ALEX
EDIA

LES DICTATEURS

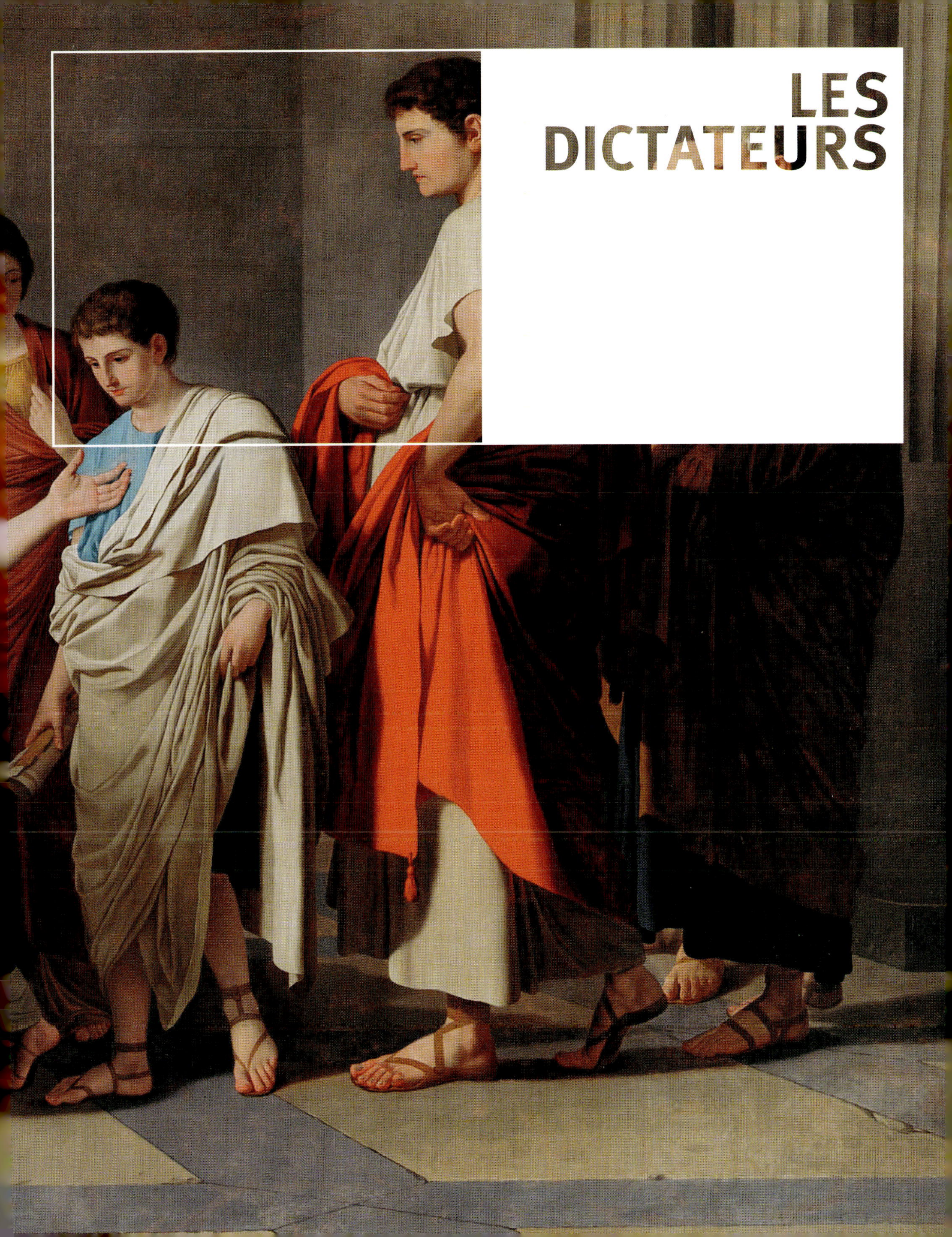

AUSSI LOIN QUE NOUS REMONTIONS DANS LA NUIT DES TEMPS, LES PHÉNOMÈNES DE MODE ONT TOUJOURS EXISTÉ, portés par l'enthousiasme collectif à suivre un modèle pour ne pas être... démodé ! C'est-à-dire pour ne pas être exclu de son environnement social. Les ingrédients sont longtemps restés les mêmes. Prenez un pouvoir fort, un esprit de conquête, une prospérité économique, une bourgeoisie un rien décadente, saupoudrez du levain de la vanité, secouez fort et vous obtenez un mouvement esthétique, une façon de porter un vêtement, une manière de manger... que tout le monde suit, sans vraiment s'interroger, puisque c'est la mode !

Ou plutôt, c'est le « style » !

Le style d'une époque qui donne sa légitimation au pouvoir en place dans des sociétés pyramidales, pouvoir qui assène ses diktats : longtemps, le monarque donne le ton, le ban et l'arrière-ban accordent ses violons.

Jules César est de ceux-là. Fin stratège et habile militaire, il bâtit un empire jusqu'aux confins du monde connu et se fait proclamer dictateur. Sous son règne, la romanité s'annonce considérable dans la culture, la stratégie militaire, la politique, les modes de vie... Des millions d'âmes disparates s'uniformisent dans un empire qui s'étale sur près de 6 millions de kilomètres carrés autour de la Méditerranée. Les grands courants commerciaux alimentent les étals des cités, les arrière-boutiques des artisans. Blé, dattes, papyrus, toiles de lin d'Égypte, tapis, couvertures d'Asie Mineure, gommes et épices d'Arabie, fruits rares et soieries de Syrie, verre, parfums et fards d'Alexandrie, perles et pierres précieuses d'Extrême-Orient, bois de citronnier de Maurétanie, or, ivoire, plumes d'autruche et esclaves de Nubie, corne, peaux et écaille d'Abyssinie, poteries, jambons, saucissons, fromages, huîtres de Gaule... Dans le foisonnement des marchés et des boutiques, les Romains s'abandonnent déjà à la néopathie : un goût jamais assouvi pour la nouveauté cosmopolite. Disciple d'Épicure, le philosophe Lucrèce soutient : « Tant que l'objet que nous désirons n'est pas là, il nous paraît supérieur à tout ; à peine est-il à nous, nous en voulons un autre et notre soif reste la même. » Une juste définition de cette néopathie romaine toujours d'actualité, de cette puissance à démoder l'existant pour s'adonner à la tendance suivante...

En 42 av. J.-C., les Romaines s'entichent des cheveux blond-roux des Teutons, elles se teignent avec un mélange de suif de chèvre et de cendres de hêtre. Très maquillées, teint blanc, regard noir, joues et lèvres rouges, elles s'ornementent d'une bimbeloterie de bijoux clinquants et les plus audacieuses s'épilent les jambes et portent des vêtements transparents. Une tendance « porno chic » avant l'heure dénoncée par les sages. « Les vices s'apprennent même sans maître », se désole Sénèque. Certains y verront les prémices de la décadence de Rome. Fille légitime de la tendance, la mode lance ses premiers mouvements de balancier.

DOUBLE PAGE PRÉCÉDENTE : *Pendant des siècles, les « tendances » sont restées l'apanage des puissants.*

À GAUCHE : *Peuple conquérant, les Romains ont insufflé « l'air du temps » sur une vaste partie du monde connu, pendant une longue période.*

Des personnages emblématiques et absolus comme Jules César ont contribué à la sophistication des civilisations antiques, au style de leur époque.

À LA MODE DE LUTÈCE

La chute de Rome révèle un événement majeur pour le monde : la domination de la mode celte, un modèle vestimentaire qui va envahir toutes les garde-robes. Les civilisations grecque ou romaine se vêtent dans le flou patricien des drapés, alors que les Celtes portent des vêtements coupés-cousus proches du corps, des tournures barbares pour les Romains qui toisent de telles vêtures. Reste que nos ancêtres initient les prémices du mode vestimentaire universel : un pantalon (appelé braies à l'époque : vêtement d'équitation pour les nobles cavaliers) ou des cottes de laine avec ou sans ceinture tombant au genou et un manteau rectangulaire, le sayon. Même vêtement pour les femmes mais leur cotte porte plus souvent une ceinture pour marquer la taille et elle tombe jusqu'aux pieds.

DES VILLES EMBLÉMATIQUES

Vers 300, Lutèce, nom donné par les Romains, devient Paris, de Parisii, patronyme des Gaulois qui occupent le site depuis le IIIe siècle av. J.-C. Plus tard, l'Empire franc bâti par Clovis subit les poussées séparatistes et la dégénérescence des rois fainéants ; il est cisaillé en quatre : le royaume des Francs occidentaux (ce qui deviendra la France), celui des Francs orientaux (bientôt l'Allemagne), les royaumes de Bourgogne et d'Italie. Mais au fil du temps, le centre de gravité de la mode navigue entre la France et l'Italie. Dès la période du Moyen Âge et de la Renaissance, ces deux pays vont occuper le terrain de la tendance pour ne plus le lâcher. Des villes comme Paris ou

Aussi loin que nous remontions dans la nuit des temps, des cités comme Lutèce (aujourd'hui Paris) ont été – et sont encore ! – le carrefour d'influences majeures.

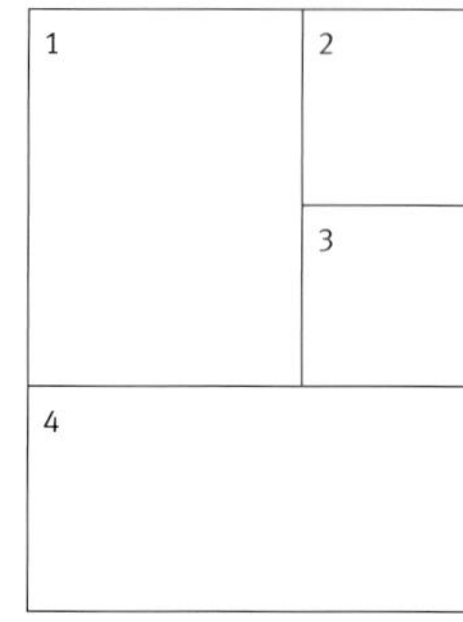

Des premiers Celtes aux chevaliers et courtisanes du Moyen Âge, l'apparence physique et les vêtements révèlent les tendances formelles de chaque époque.

Venise deviennent d'importants centres de production où émerge une nouvelle classe sociale, les bourgeois, marchands fortunés, banquiers habiles qui imposent un modèle de vie urbain et peu à peu contrebalancent le système social et politique dominé par la féodalité et le clergé.

« Le vêtement ne sert pas seulement à défendre le corps du froid et de la chaleur, mais à l'entourer d'un mystère flatteur, à l'embellir, à dissimuler ses imperfections. Le mot "tenue" désigne aussi bien l'habit que l'attitude et que le comportement moral [10]. » En effet, la mode n'est rien sans la posture. Et quelquefois l'imposture quand il s'agit de se mentir ou de mentir aux autres en se parant d'atours et d'artifices pour camoufler sa réalité sociale. Pour entretenir cette posture, le commerce affiche ses enseignes aguicheuses. « L'air de la ville rend libre », atteste un proverbe de l'époque ; l'air de la ville distille surtout les « dernières » merveilles marchandes accessibles aux seules populations argentées.

Le Moyen Âge étire la silhouette et l'ondule, la tendance est à une forme d'unisexe, hommes et femmes gainés dans des cottes et surcots s'ornementent de pierres, de perles, de plumes, de fleurs… et de coloris « flash » qui paraîtraient incongrus dans notre environnement gris urbain. Or, l'uniformité apparente ne prend pas en compte les diversités nationales et régionales, les échanges se limitant souvent à des rencontres guerrières sur les champs de bataille où la frivolité n'a pas sa place. Et encore moins les réalités de la société féodale où les neuf dixièmes de la population asservie sont d'origine paysanne, un peuple de hères régulièrement ravagé par des famines à répétition ou des épidémies et qui n'a guère le loisir de se pencher sur les dernières tendances qui longtemps demeurent une affaire de riches.

Le royaume de France ruiné et épuisé par la guerre de Cent Ans contre l'Angleterre perd de son influence au profit du duché de Bourgogne qui devient le centre de la mode en Europe. Pour se laver l'âme de toutes ces tueries, des « *fashion victims* » féodales lancent des modes excentriques : poulaines mesurant jusqu'à trois fois la longueur du pied, manches ramasse-poussière, pourpoints rembourrés pour les hommes leur donnant des carrures de footballeur américain, coiffes (le hennin) pour les femmes dépassant les 60 centimètres de haut, bijoux-grelots sonnant pour s'annoncer dans les châteaux, orgie de tissus somptueux, asymétrie dans la silhouette (une moitié jaune, une moitié rouge, une manche longue, l'autre courte)… Rien n'est trop beau ni absurde pour se faire voir dans des atours qui surprennent l'œil. Dans la foulée, les relations policées de l'amour courtois font place à une expression sensuelle plus démonstrative : les dames arborent des décolletés exagérés très suggestifs et les messieurs des braguettes proéminentes très invitantes ; la mode n'a pas froid aux yeux.

10. Jacques Wilhelm, *Histoire de la mode*, Hachette, 1955.

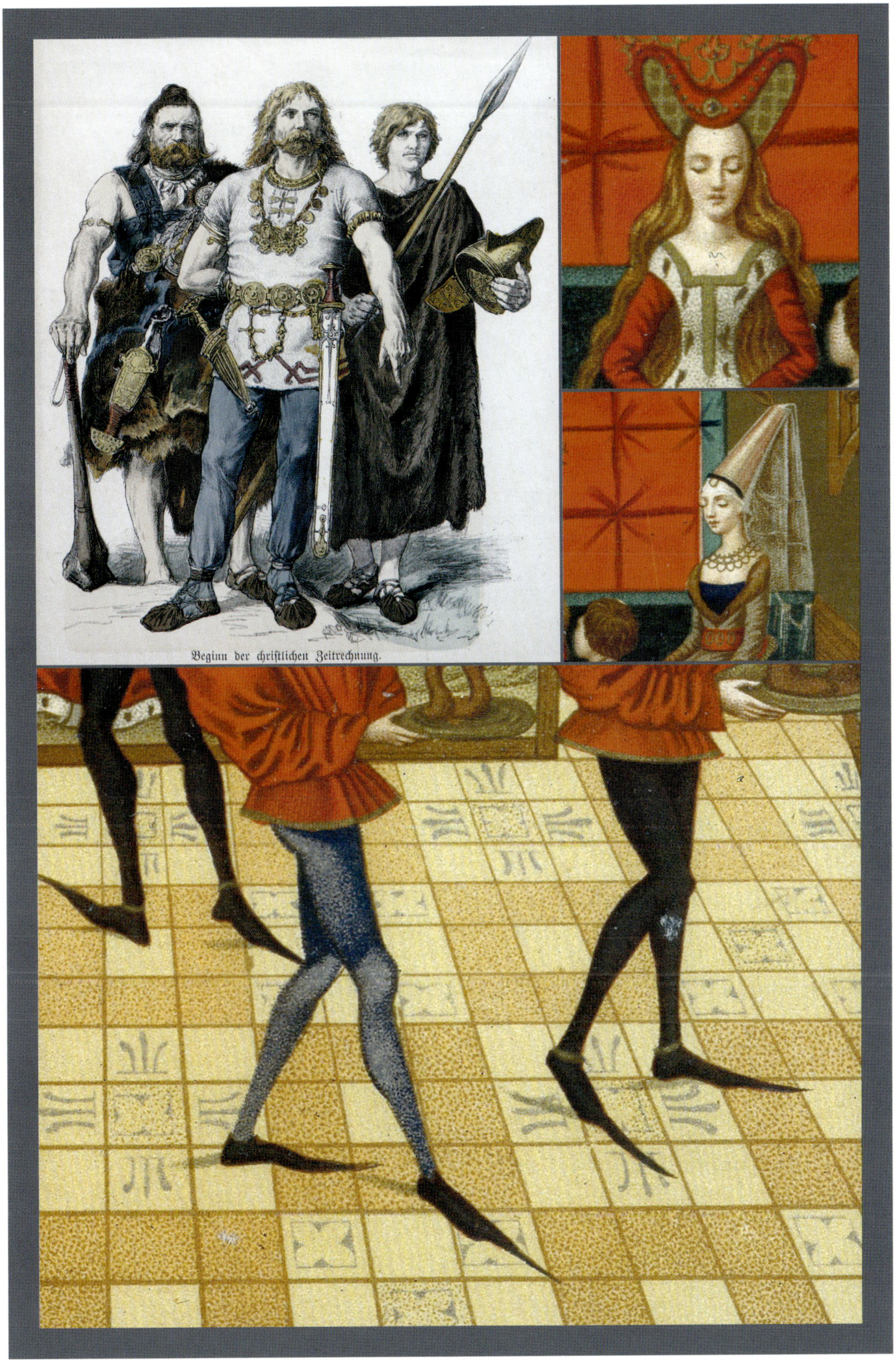
Beginn der christlichen Zeitrechnung.

Silhouettes marquées, hennins excentriques, poulaines démesurées… au Moyen Âge. La mode, quelle que soit l'époque, est toujours le théâtre de démonstration des tendances les plus extrêmes.

LA FLORAISON ITALIENNE

Puissante famille de banquiers, les Médicis ont la haute main sur l'esthétique de leur temps.

À PARTIR du milieu du XIVe et jusqu'au XVIIe siècle, un mouvement culturel et intellectuel originaire de Toscane irrigue toute l'Europe. La Renaissance italienne promeut un humanisme et un esthétisme qui s'affirment dans la recherche d'harmonie et d'équilibres. La connaissance du monde se diffuse plus largement grâce au développement de l'imprimerie. Les princes italiens et la riche bourgeoisie marchande de Venise, Florence, Milan, Gênes et Lucques se distinguent par une consommation de produits de luxe et d'œuvres d'art, l'opulence est visible dans les palais et les garde-robes où l'ornementation chamarrée – un apparat « nouveau riche » – domine. Immanquablement, les tendances se déploient sur le terrain favorable du commerce. La primauté italienne dans le développement commercial s'épanouit dans les grandes cités qui organisent des foires imposantes et courues où se vendent des soies, des brocarts, des satins, des velours, des broderies... Sans oublier un luxe d'accessoires : des bijoux, des éventails, des mouchoirs, des gants, des coiffes...

La dynastie des Medici, les Médicis, d'origine florentine, va faire rayonner la République des fleurs. Les échanges avec les grandes villes du nord de l'Europe, Gand ou Bruges, s'accélèrent et alimentent une esthétique sans frontière où les influences nationales se perdent pour mieux s'agréger. Les courants se confondent au point qu'il est difficile de savoir d'où ils naissent et où ils meurent. L'excentricité somptuaire du Sud se mêle à la rigueur monacale du Nord dans un cosmopolitisme bien ordonné.

Personnalité austère et figure controversée, Catherine de Médicis a été une formidable « influenceuse » dans le domaine artistique et social au xvie siècle.

Faiseuse de royaumes et de tendances, Catherine de Médicis importe en France, la fourchette, le busc et le noir pour le deuil…

La mode est un phénomène social, pas un phénomène artistique, les Italiens la vivent comme une théâtralisation de leur personnalité, alors que les Français l'arborent pour asseoir leur puissance censément aristocratique. Pour cette raison, ces derniers l'ont toujours considérée comme un des beaux-arts et la haute couture d'aujourd'hui est un reliquat de cette exception française.

La mode fonctionne en roue libre vampirisant tel mouvement artistique, détournant tel phénomène esthétique, évoluant selon les changements sociaux, les modes de vie et de consommation. La mode ne précède jamais la société, elle marche dans ses pas, elle est un « consommable », un produit de consommation courante. La tendance n'est qu'une traduction émergente de ces transformations consommables, elle est devenue une industrie de l'information, une industrie de l'intelligence, une industrie d'anticipations artificielles au moment du développement de la société de consommation moderne. Nous y reviendrons en détail.

Dès avant, soucieux de paraître, les Italiens de la Renaissance paradent joyeusement sur la scène publique. Voir et être vu, tel est le motif de cette société friande de démonstrations vestimentaires et physiques. Hommes et femmes achètent des produits de beauté, du maquillage, des parfums dans un excès réjouissant et bien souvent entêtant, les effluves se diffusent jusqu'à l'écœurement : les Italiens ont la main lourde. Et si les hommes s'affichent avec une pilosité élégamment taillée au menton, les femmes se décolorent ou se teignent les cheveux : le blond vénitien fait des ravages.

LES TALONS ROUGES DE LOUIS XIV

●

Dans une France centralisatrice où la concentration des pouvoirs est une manière de contrôler et de distiller les faveurs, la cour devient le lieu privilégié d'expression des tendances et des attitudes, des manières de prendre la pause et de tenir le verbe. Les atours sont un signe temporel et le témoin de la magnificence du roi, de sa beauté démonstrative. Une normalisation historique épaissie par l'étiquette se déroule règne après règne. Lancer la tendance nourrit l'idéologie du pouvoir en place et impose des rites tout aussi pesants qu'exécrables, tout aussi exigeants que fantaisistes. L'intention est de marquer l'époque, de répondre à l'histoire majuscule en s'inscrivant dans l'éternité.

Architecture, mobilier, décoration, vestiaire, le monarque en cour donne le ton. La fonction de cette apparence contrôlée est d'entretenir le mythe du droit divin. Cette stylistique royale de la tendance est aussi une démonstration explicite pour tenir le peuple dans une distance, le laisser dans son insignifiance, l'abandonner dans son vestiaire de toiles brutes et de laines grossières, dans son univers de misère esthétique.

Pendant ces périodes de règne absolu et de plénitude artistique, des courants vestimentaires de fond dominent, imposant une apparence générale, une silhouette très identifiable à chaque époque, mais viennent aussi s'y agréger des épiphénomènes, ce qu'on appellerait aujourd'hui des tendances de surface adoptées par les petits singes de la cour toujours très friands d'effets de manches pour plaire à leur souverain.

Vêtures et postures, le Roi-Soleil fait rayonner son goût dans toute l'Europe avec une pompe extraordinaire.

Ces épiphénomènes sont légion au fil du temps et viennent apporter un peu de fantaisie à un protocole de l'uniforme très contraignant qui régit la vie quotidienne à la cour. C'est ainsi que Louis XIV lance inopinément la mode des chaussures à talons rouges (sa couleur préférée avec le marron) et de la perruque dite in-folio (qui signifie en deux feuillets et donc par extension, en deux parties), une coiffure très haute sur le sommet du crâne séparée par une raie profonde, créant de bien curieuses cornes sur la tête. Une mode qui se répand comme une traînée de poudre dans tout le royaume et au-delà, suivie par les courtisans qui se montrent haussés de ces nouveaux accessoires pour afficher l'air du temps, démontrer qu'ils appartiennent à l'élite, au mouvement de la modernité. Court sur pattes, le plus grand roi de la terre, lui, cherche à se hisser vers une taille qu'il juge plus noble pour un dignitaire de son rang : talons et perruque gonflée apportent de la hauteur à son astrale « petite » personne.

Les dames de la cour n'échappent pas aux excentricités de leur époque. Ce sont les favorites du roi qui donnent le « la » de la mode. Rappelons que l'aristocratie régnante juge la fidélité conjugale comme une vertu ordinaire réservée aux gens de basse extraction. La Montespan, la Maintenon ou la Fontanges, maîtresses successives du souverain, exhibent des atours dont se parent les suiveuses de la cour, trop contentes d'occuper leur vacuité et de se mettre à la page. Là encore, des épiphénomènes viennent pimenter l'étiquette.

À l'image de la coiffure de mademoiselle de Fontanges inventée au printemps 1680. En promenade pastorale autour de Versailles avec Louis XIV, la jeune femme et quelques autres qui l'accompagnent sont soudainement décoiffées par un coup de vent brutal, des turbulences qui chahutent les cheveux, les renversent dans un désordre inconvenant. On imagine aisément la panique hystérique de ces dames perdant leur supposée dignité en cheveux devant le roi qui s'en amuse.

La Fontanges, d'un tempérament spontané à la hauteur de son charme naturel, garde la tête froide devant l'événement, elle attrape une des jarretières tenant ses bas et la fiche sur sa tête, remontant ses boucles et créant une coiffure étagée maintenue par le ruban de dentelles. Les dames manquent pâmer devant le geste odieux d'une rare audace. Le roi applaudit, criant au génie « *fashionable* » de sa protégée. Les dames renchérissent et acquiescent d'une révérence servile en imitant la favorite. Le bonnet à la Fontanges devient la tendance du moment... jusqu'à sa disparition, balayée par une autre ! Madame de Sévigné décrit « la plus grande affaire qui soit à la Cour... c'est la défaite des Fontanges à plate couture », débarrassées de cet étagement, « les princesses ont paru de trois quartiers moins hautes qu'à l'ordinaire ». Et Saint-Simon d'ajouter, « de l'extrémité du haut, les femmes se jetèrent dans l'extrémité du plat ». La tendance est souvent une affaire de haut et de bas, quand l'une monte, l'autre descend dans le fossé de l'oubli...

Parce que c'était la mode, les hommes portaient la perruque dite in-folio lancée par Louis XIV.

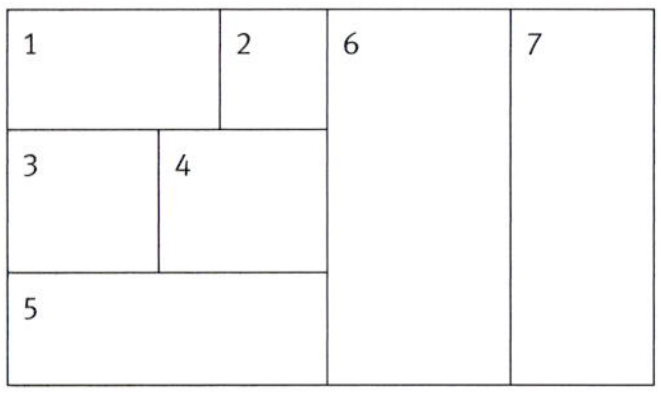

La cour est une scène permanente où il s'agit d'exposer sa connaissance des dernières tendances pour flatter le roi : talons rouges, bas de soie, coiffure à la Fontanges, manières délicates, tournures précieuses...

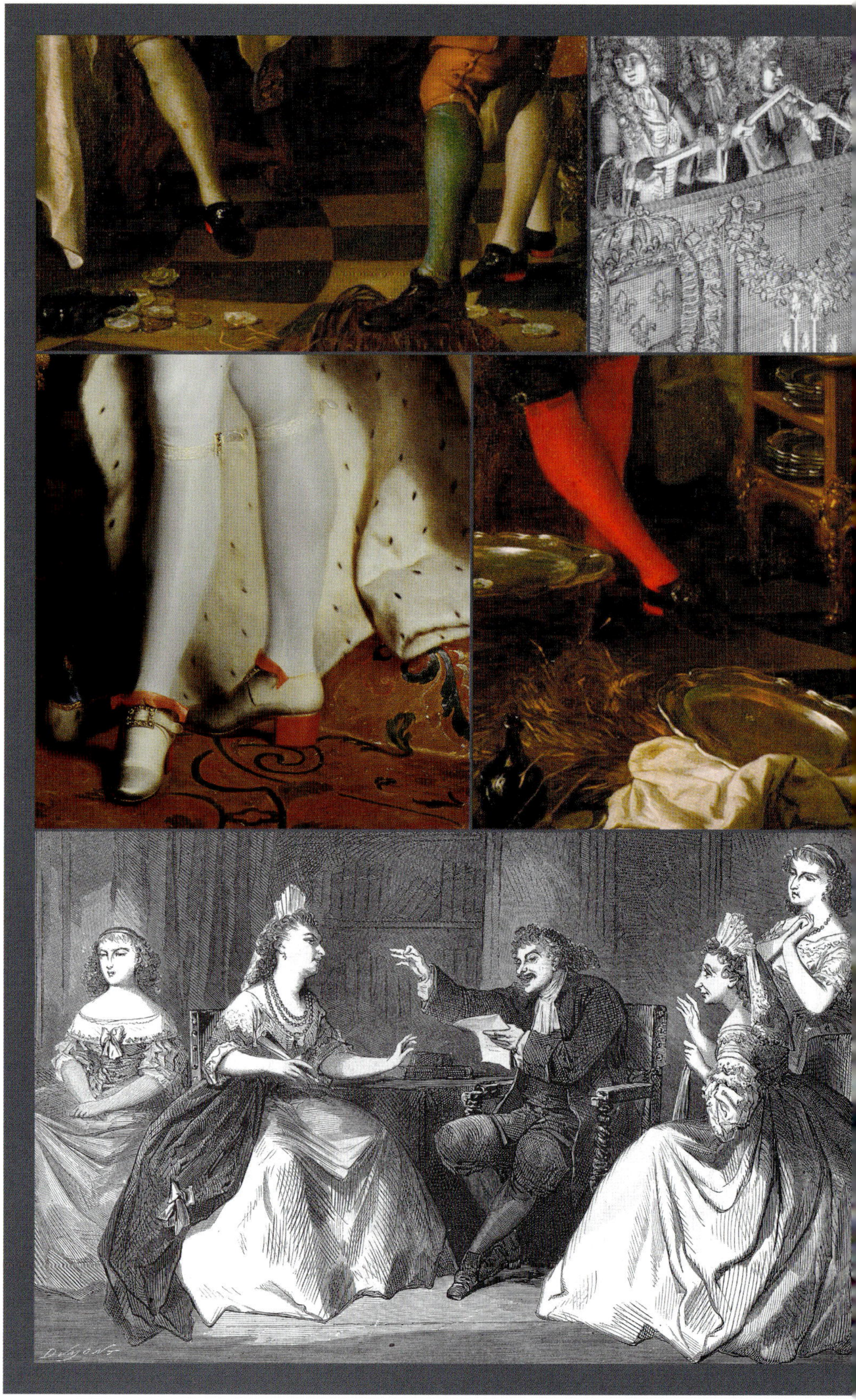

Si le roi donne le ton, ses maîtresses guident la mode, à l'instar de mademoiselle de Fontanges, instigatrice de la célèbre coiffure étagée.

DOUBLE PAGE SUIVANTE: *Prendre la pose, avoir le bon geste, tenir son rang, la parade sociale exige de connaître tous les « penchants » à la mode pour être intégré dans la bonne société.*

LA
CARICATURE
PROVISOIRE.
PARIS N° 3.
18 NOV. 1838.
LE
MARIAGE DE FIGARO
(Acte II.)
Mais voyez donc ce morveux comme il est joli en fille .... Voulez vous bien n'être pas joli comme ça?
(Melle Mante) La Comtesse Almaviva agée de 20 ans
(Melle Mars) Suzanne " 18
(Mme Anaïs) Chérubin " 15
Total 53

LES TÉNORS DU BIAIS ET DU DROIT-FIL

●

La réalité de la mode ne saurait exister sans l'inconstance des tendances alimentée par la légèreté des femmes et des hommes à les suivre béatement. Observateur du phénomène, La Bruyère souligne « qu'il y a autant de faiblesse à fuir la mode qu'à l'affecter » ; c'est pour lui la révolution permanente : « Une mode a à peine détruit une autre mode, qu'elle est abolie par une plus nouvelle, qui cède elle-même à celle qui suit et qui ne sera pas la dernière. » Ces marathons exténuants pour les suiveurs vont trouver un écho chez les artisans qui font commerce de la mode.

Si les aristocrates s'affirment comme les initiateurs de leur propre garde-robe, reflet du style esthétique du roi en place et de sa puissance, ce sont ces professionnels anonymes qui en sont les faiseurs patentés et organisés. Quelques-uns, véritables ténors dans leur partie comme André Scheling ou Rose Bertin, se font un nom qui demeure présent dans l'histoire du costume et de la mode.

La Bertin (comme on disait à l'époque), sans doute la plus célèbre, s'impose comme la grande prêtresse des tendances de la première moitié du XVIIIe siècle. Un véritable dictateur en jupon qui affirme son goût, sélectionne des couleurs, choisit les tissus et les accessoires, défend des formes et des lignes, martèle ses choix, prend en main l'avenir vestimentaire de son époque : elle décide de tout avec l'habileté d'un diplomate en laissant croire à ses clientes qu'elles en sont les instigatrices. La Régence va lui apporter une liberté d'expression et une belle fortune auprès des

À partir du XVIIIe siècle, les tendances commencent à sortir du strict cadre de la cour.

courtisanes de Versailles, mais aussi des Parisiennes qui viennent lui rendre visite dans sa boutique pour adopter les canons en vogue.

« Le désir de plaire naît chez les femmes, avant le besoin d'aimer. » En reprenant à son compte les propos de Ninon de Lenclos, Rose Bertin sait profiter d'un changement sociétal et notamment d'un déplacement du pouvoir de Versailles vers la capitale française. Des femmes intellectuelles s'émancipent de la cour et de ses vaines machinations pour tenir salon, des lieux privilégiés de l'esprit et de la pensée où l'on entretient le goût de la conversation. Mademoiselle de Lespinasse, madame Du Deffand, madame Geoffrin, madame de Tencin, madame de Lambert... font et défont les réputations, donnent le ton des tendances, promeuvent les talents et se frottent aux hommes de lettres, aux encyclopédistes, aux savants, aux artistes « à la mode » : Fénelon, Fontenelle, Montesquieu, Marivaux, Diderot, l'abbé Prévost... se montrent rive droite et rive gauche sous les lambris des meilleurs salons de ces féministes esthètes. Le siècle des Lumières rayonne dans toute l'Europe dont les bénéfices s'apprécient en littérature, en politique, en architecture, dans les arts et... dans la mode !

UNE PROPAGATION EN MARCHE

La diffusion de ces modes s'accélère grâce à la publication d'une presse spécialisée dont le célèbre *Cabinet des Modes* qui deviendra le *Magasin des Modes* en 1786, signifiant par là qu'il s'énonce comme une sorte de guide d'achats, un « magazine de shopping » avant la lettre. À cela s'ajoutent les événements artistiques qui ponctuent la vie mondaine et viennent alimenter les tendances. Le théâtre et l'opéra sont des lieux d'ébats esthétiques et de débats politico-artistiques, et les spectacles représentés inspirent des effets vestimentaires. Pendant quatre ans, le Tout-Paris bruit de la nouvelle pièce du très remuant et impertinent Caron de Beaumarchais, *Le Mariage de Figaro* (passée entre les mains de six censeurs, sans compter la détestation de Louis XVI qui honnit cette satire sociale attaquant les institutions). On se bouscule à la première le 27 avril 1784 à la Comédie-Française, politologues et observateurs y voient les signes avant-coureurs de la Révolution.

En attendant, les faiseurs de mode font écho à la pièce et créent une coiffure à la Suzanne, un costume à la Figaro, un caraco ou un chapeau à la Chérubin... Le pittoresque de ces toilettes médiatiques s'étale dans les gazettes, elles alimentent les conversations, font tourner le commerce et reflètent l'oisiveté d'une riche aristocratie qui vit de ses rentes et dont le déclin se profile à l'horizon d'une histoire en ébullition. La tendance de l'ostentation va bientôt tourner à l'aigre...

Les premiers journaux de mode et leurs dessins participent à la vulgarisation des tendances émergentes.

=Entire novel stile admit 1s folios lent out.

London Pub: March 10 1794 by S W Fores N 3 Piccadilly who has just fitted up his caricature Exhibition in an=

A REPUBLICAN BEAU.

A Picture of PARIS for 1794

LA POLITIQUE, UNE AFFAIRE DE MODE

•

Véritable signal visible comme un emblème, l'habillement est un redoutable marqueur des tendances d'une époque.

DEPUIS le début du XVIIIe siècle, une bourgeoisie marchande et libérale grignote lentement le pouvoir de l'aristocratie. Occupés à faire marcher leurs affaires et celles de la cité, ces bourgeois cherchent à se vêtir dans le confort plus que dans la démonstration sociale. À Londres, des hommes vont même réclamer la possibilité de s'habiller comme leurs domestiques pour signifier qu'ils appartiennent eux aussi au monde du travail. Et qu'ils méprisent les créateurs de mode arrogants et orgueilleux qui mènent le bal des excès. Bien avant la France, l'Angleterre est la terre d'élection de la démocratie en marche qui se propage jusqu'aux États-Unis. La Constitution américaine, « l'œuvre la plus admirable qui soit sortie à un moment déterminé du cerveau et de la volonté de l'homme », selon les observateurs de l'époque, est en effet un modèle qui lisse les particularismes des individus cosmopolites dans une nation unie.

En France, la Révolution bruyante et meurtrière ne modifie pas seulement la face politique de l'Hexagone, mais aussi celle de toute l'Europe continentale. Les guillotines coupent à tout va et pour montrer une appartenance aux révolutionnaires, on exhibe des motifs tricolores. Les silhouettes se parent de « bleu-blanc-rouge », à l'image de la petite main jaune de SOS-Racisme ou du ruban rouge de la lutte anti-sida. Ou des moult pin's piqués sur le revers pour dire son soutien à tel ou tel événement, son engagement à des causes.

La Révolution passée, Napoléon Ier renoue avec une volonté bien française de signer l'esthétique et le style de son passage dans l'histoire.

Les signes font sens, la mode est une oriflamme, l'individu un porte-drapeau. Les révolutionnaires les plus radicaux troquent la culotte des aristocrates pour endosser le pantalon large du peuple, et s'annoncent comme les « sans-culottes ». Les aristocrates qui ont gardé leur tête se glissent dans une panoplie « à la patriote » où les cocardes sont en bonne place.

« Insupportable nation toujours emportée par la frivolité », s'agacent pourtant les commentateurs. La France, dès avant la République et la Terreur, met le style « à la grecque » au goût du jour. « L'idéologie révolutionnaire, se réclamant de Sparte aussi bien que de Rome, allait inciter David à tenter un retour du costume antique[11]. » David, peintre et ordonnateur des fêtes publiques, se rêve aussi en grand chambellan de la tendance. Celui qui deviendra le peintre-costumier officiel de Napoléon se cherche un avenir politique.

L'autocouronnement du général Bonaparte en empereur efface un instant les avancées révolutionnaires. Un retour de manivelle politique et esthétique où la pompe de la cour renoue avec une lourdeur vestimentaire dans la tradition de Versailles. Dans un objectif clair : affirmer le pouvoir de l'empereur, imposer l'esthétique française au monde entier, et sa mode par ricochet. Et contrer la déferlante anglaise qui tient la dragée haute en termes de tendances à une France emportée dans la vague révolutionnaire, une situation qui a le don d'irriter Napoléon. On ne boit plus du café français, mais du punch et du thé, du whisky en lieu et place du cognac ; le bouledogue est préféré au caniche, on circule en tilbury plutôt qu'en cabriolet... Tout est anglicisé, jusqu'au langage ou le « r » français est remplacé par « r » anglais assourdi. Les Incroyables et les Merveilleuses, *fashion victims* de cette époque, se prononcent les Inc'oyables et les Me'veilleuses ; ils arborent les outrances d'une jeunesse dorée dont l'activité principale se résume à ne rien faire sinon festoyer, et lancer les modes. L'empereur, dictateur doux déguisé en démocrate, tente de juguler cette vague anglophile. En vain.

« Auprès d'un homme en haut français, tête poudrée, épée au côté, chapeau sous le bras, escarpins et bas de soie, marchait un homme, cheveux coupés et sans poudre, portant le frac anglais et la cravate américaine », écrit Chateaubriand dans ses *Mémoires d'outre-tombe*. Tout est dit : la tendance française a l'air démodé à côté de la tendance anglo-saxonne.

Pire, le rival de Napoléon, George Bryan Brummell, dit « The Beau Brummell », dandy *so british*, s'annonce comme le « dictateur de la mode des cravates ». Un mondain *fashionable* qui met chaque jour cinq heures pour s'habiller, équilibre les couleurs de sa mise comme un peintre sur une toile, se farde et se coiffe délicatement comme une vierge qui part à l'autel, lustre ses bottes au champagne pour s'assurer d'un brillant pétillant... Une sorte de « métrosexuel[12] » compassé avant l'heure qui impose une image contemporaine de la masculinité : exposée et contenue, virile et ténue, ennuyeuse quoi, mais tendance !

11. Jacques Wilhelm, *op. cit.*

12. Mark Simpson, journaliste anglais à *The Independant*, a inventé ce mot-valise en 1994 pour qualifier les citadins – homos ou hétéros – qui soignent leur apparence, y consacrent du temps et de l'argent ; David Beckham, Robbie Williams ou encore Frédéric Michalak représentent l'archétype du métrosexuel. Déjà démodé, balayé par l'übersexuel, mâle ultra-viril et « brut de décoffrage », brutalité apprêtée évidemment.

LES MERVEILLEUSES.

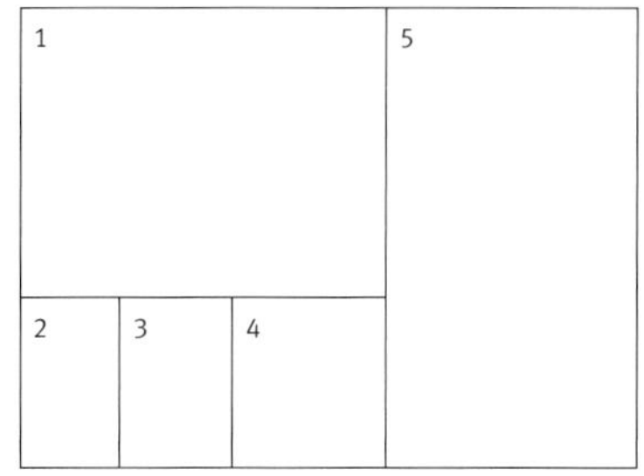

Changement d'époque : au début du XIXe siècle, les individus commencent à s'émanciper du totalitarisme impérial et impérieux, on voit apparaître Incroyables et Merveilleuses, premières fashion victims, *ou des personnalités affirmées comme Brummell.*

COUTURE ET CONFECTION, GÉMELLITÉ FORCÉE

●

Dès la fin du xixe siècle, la mécanisation de la mode (grâce aux machines à coudre à deux fils, à couper les vêtements, à faire les boutonnières, à coudre les boutons…) va remplir les rayons des grands magasins de confections et de nouveautés et habiller toutes les couches de la population à la « dernière mode » ; les grandes lignes vestimentaires se propagent sans distinction. Ou presque : pour ne pas se confondre avec cette démocratisation de la toilette et de l'habit qu'elle ne croise pas, vivant dans un monde à part, l'élite se distingue chez des faiseurs hautement sélects.

Charles Frederick Worth, ex-vendeur de nouveautés et de coupons de tissus de la société Gagelin dont il devient associé, ouvre sa maison de couture au 7, rue de la Paix en 1858. La haute couture naît à cette date. Par son vocable, elle affirme se démarquer de la confection mécanisée de basse extraction. Pour autant, le monde marchand et le monde industriel s'imbriquent, couture et confection font cause commune dans l'intérêt bien compris des affaires. Jacques Doucet, premier vrai concurrent de Charles Frederick Worth, héritier d'un magasin de lingerie, navigue entre les deux segments, produisant sans complexe du sur-mesure et de la mode « mécanique ».

Si Worth s'impose comme le couturier officiel du Second Empire, il sait aussi faire tourner sa maison en poussant ses clientes à la consommation. Il griffe ses vêtements de sa signature, rythme les nouveautés en épousant les quatre saisons, propose des accessoires

Dès la fin du xixe siècle, modes et tendances changent de camp : Charles Frederick Worth sonne le rappel à l'ordre, le couturier devient le faiseur de référence.

Pendant plus d'un siècle, les salons de la haute couture parisienne sont les lieux exclusifs de l'expression des tendances saisonnières.

et des parfums… Et il organise des défilés avec des « sosies » de ses clientes pour flatter leur vanité. Ces « répliques » muettes deviendront plus tard des mannequins, modèles normés et portemanteaux de la puissance tutélaire du chiffon. Une féminité contrôlée avec « une silhouette faite au moule, d'une étroitesse incroyable, avec des bras et des jambes interminables, un cou très long et une très petite tête. Il ne faut pas avoir d'os trop larges. Il y a des choses qu'on ne peut pas raboter [13]. » Parce que le corps a aussi ses tendances, la « charnellité » des hétaïres d'antan va fondre au fil des décennies jusqu'aux années 1960 où l'apparition des filles brindilles comme Twiggy impose la tendance d'un physique décharné, d'une silhouette de crevette jusqu'à l'anorexie actuelle, des excès bien compris dans un univers qui cultive les fantasmes. « Les dessins de mode n'ont jamais vraiment ressemblé à une réalité terrienne [14]. » Fabrique à rêves (ou à cauchemars) alimentée par des professionnels qui tracent la voie royale à une uniformisation totale et au corps à la mode. La démocratisation maîtrisée des productions augmente d'autant le pouvoir immense du faiseur de modes, « celui d'un artiste tout-puissant, génial précurseur, capricieux, mais adulé [15] ».

LE COUTURIER, MAÎTRE DU STYLE

La nouvelle génération de couturiers et de couturières occupe le devant de la scène et efface définitivement les aristocrates et leurs diktats esthétiques. La mode et son corollaire la tendance deviennent une affaire de spécialistes, même si ces derniers ne manquent jamais de faire allégeance aux gens de pouvoir pour les flatter. Dès lors, la haute couture incarne l'esthétique contemporaine que les premières confections tentent d'imiter, et Paris au centre du monde, au cœur des mœurs et des usages « dernier cri ». Une nouvelle race de professionnels s'avance et va lancer les tendances, les faire et les défaire au gré du commerce.

13. Karl Lagerfeld in *Libération*, 28 janvier 2005.
14. Karl Lagerfeld, *op. cit.*
15. Marie Simon, *Mode et Peinture*, Éditions Hazan 1985.

FAITES-MOI CELLE-CI

ROBE DU SOIR, DE DŒUILLET

Personnage tout-puissant, le couturier fait et défait les tendances. Et théorise à tout va, comme ici Christian Dior qui, le 3 août 1955, présente ses inspirations dans le grand amphithéâtre de la Sorbonne à Paris.

LES GOUROUS

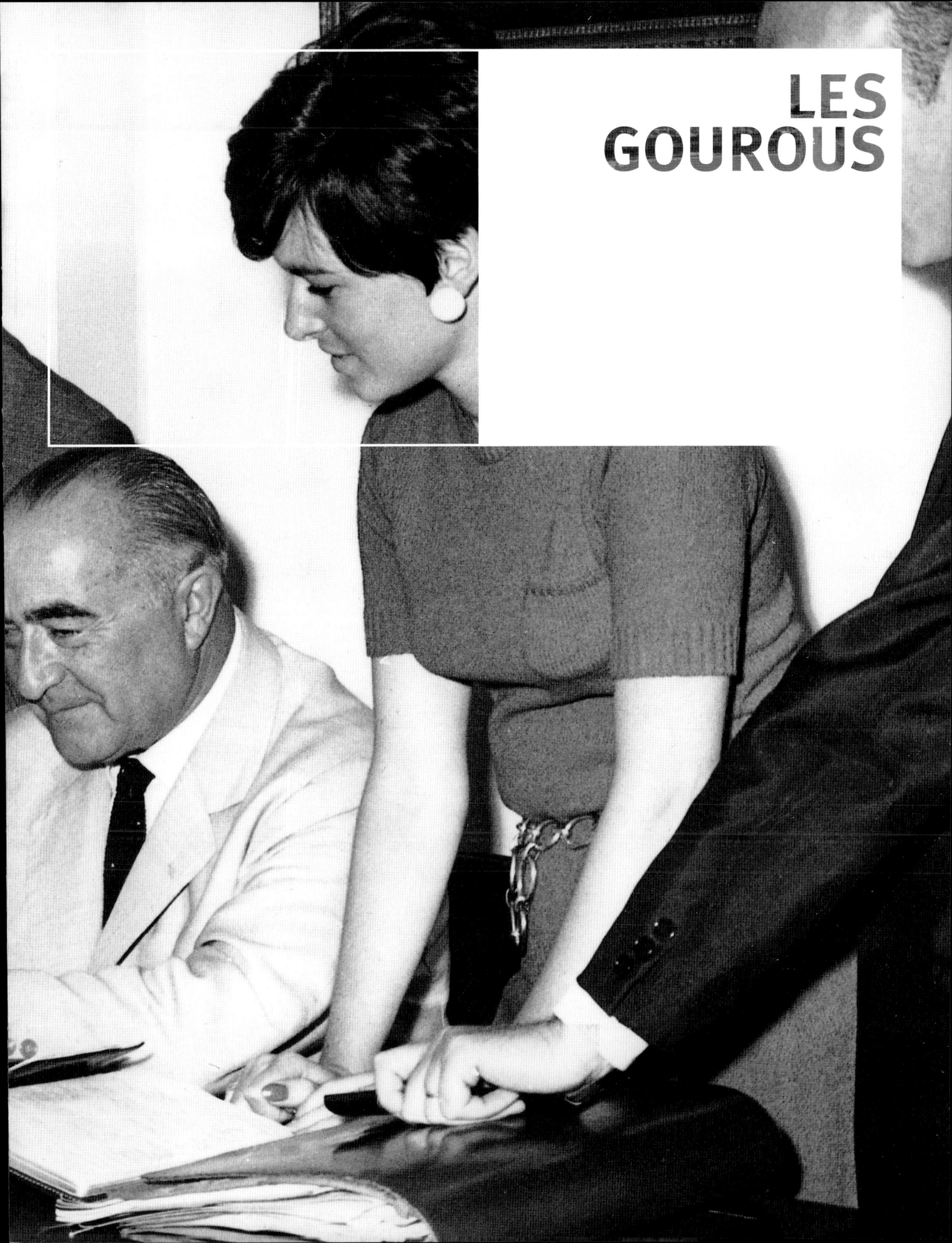

Carlin International:les couleurs de l'été 83
GLACES
PARIS
CARLIN
INTERNATIONAL PARIS
BUREAU DE STYLE
CAHIERS DE TENDANCES
BD
rustico romantique
sauvageonne
CARLIN
INTERNATIONAL PARIS

« Les gens peuvent choisir n'importe quelle couleur pour la Ford T, du moment que c'est du noir. » Dans les années 1920, le constructeur automobile Henry Ford vend 15 millions de véhicules… noirs dans le monde, une offre monochrome pour ne pas compliquer l'industrialisation à la chaîne, pour ne pas s'embarrasser des envies de clients versatiles. À la même époque, Edward Louis Bernays, neveu de Sigmund Freud installé à New York, développe les techniques publicitaires et marketing en germe et propose des stratégies inédites de relations publiques. « Si nous comprenons le mécanisme et les motivations d'un groupe, n'est-il pas possible de contrôler la masse selon notre volonté ? La récente pratique de la propagande prouve qu'il est possible au moins jusqu'à un certain point de manipuler les foules », écrit-il en 1928 dans son traité *Propaganda*, faisant référence au nazisme. Ajoutant, « si vous pouvez influencer les leaders d'opinion, que ce soit avec ou sans leur coopération consciente, par ricochet, vous pouvez endoctriner les masses ».

Trente ans plus tard en France, Fred Carlin, ingénieur de formation, est confronté à cette double problématique : forcer des industriels du textile et de l'habillement frileux à sortir d'une gamme de couleurs très limitée (noir, blanc, beige, gris) et éclairer la production avec des techniques de mises en exergue des tendances, des phénomènes de mode, des évolutions comportementales pour stimuler la consommation… par manipulation douce ! Dans un contexte où la société de consommation est en train d'éclore, de changer, de s'agiter.

« Si on provoque des impulsions, des désirs chez les consommateurs, on vend davantage… souligne-t-il. Il suffit d'imposer une forme, une couleur, de décider qu'ils sont à la mode pour que les consommateurs l'adoptent. » Cultivé et curieux, Fred Carlin perçoit intuitivement qu'il faut trouver un ressort puissant pour faire bondir un système industriel figé dans la galaxie versatile des consommateurs.

Lors d'un voyage en Afrique occidentale, il a découvert les griots, des personnages charismatiques, dépositaires de la tradition orale chez des peuples ne possédant pas l'écriture ; liés à un chef de clan, ils sont les détenteurs et les propagateurs de la parole et des chants traditionnels, ils sont porteurs des savoirs, ils détiennent les clés des mystères du monde. Fred Carlin se laisse séduire par ces communicateurs lointains, il comprend qu'impulser les tendances passe par une prise de parole « autoritaire », déclarative pour donner à voir une vision du monde particulière. Il suffit de les contextualiser, de les soutenir par une narration temporelle, un cycle artificiel : création – la tendance naît –, dissémination – elle est portée par un public choisi, les leaders d'opinion –, adhésion – elle s'impose partout et par tous –, déclin – elle disparaît, balayée par une autre tendance. Comme le griot, il doit donc se transformer en « conteur », en gourou, en maître à penser, en expert influent qui « manipule »… au nom de la mode ! Mode n'est pas ici pris au strict sens vestimentaire, mais au sens « manière passagère d'agir, de vivre, de penser, etc., liée à un milieu, à une époque déterminés[16] ».

Pour Fred Carlin, une tendance « à la mode » doit être au croisement d'une demande supposée mais non exprimée des individus et d'une offre à construire par les fabricants à un moment donné. À lui de les convaincre de suivre les influences qui flottent dans l'air du temps, à lui de chanter les louanges des tendances.

Double page précédente : *Fred Carlin en 1967, entouré de ses collaborateurs ingénieurs et de Ghislaine Dubrulle-Michaux, une des toutes premières stylistes.*

À gauche : *Petit à petit, la couleur donne la « tonalité » de la saison et s'impose comme un starter efficace pour les industriels.*

16. *Larousse*, 2006.

JARDIN DES MODES
COLLECTIONS
DE PRINTEMPS DU PRÊT A PORTER
LA VIE
EN
JAUNE
200 FR.
FÉVRIER
1959
N° 446 • PUBLICATION MENSUELLE IMPRIMÉE EN FRANCE • ALLEMAGNE : D. M. 4 • BELGIQUE : FR. B. 33 • ESPAGNE : PTAS 30 • GRANDE-BRETAGNE 6/ • ITALIE : L. 450 • SUISSE : FR. S.

L'INVENTION DES JEUNES

« POURQUOI prendre des risques, seul face à la multitude de concurrents ?... » Le grand patron d'une usine textile pour l'ameublement et l'habillement n'en démord pas : il est impossible de jouer avec les couleurs deux ans et demi à l'avance, délai de fabrication des fils et des tissus, donc pas question de sortir de la neutralité rassurante. « Si je propose du vert ou du rose selon vos conseils et que les gens ne veulent pas de mon vert ou de mon rose, j'ai plus de 150 000 mètres de tissus sur les bras ! Hors de question ! » s'emporte l'industriel. En face, Fred Carlin tente de lui démontrer le contraire : « Si nous décidons que le vert ou le rose sont les couleurs de la prochaine saison, qu'ils sont les tonalités à la mode, le public sera bien obligé de les porter ! » « Ah ! Balivernes ! » grogne l'industriel, ajoutant qu'il faut être bien fou ou prétentieux pour affirmer une telle chose.

Tenace, Fred Carlin ne perd pas espoir. Face à autant de réticences, il décide de monter une commission scientifique pour démontrer la validité de sa démarche et plus encore attester la justesse de ses... intuitions ! En 1959, le Comité français de la couleur se réunit pour la première fois. Autour de la table, quelques personnes, ingénieurs et coloristes, dont le rôle sera de définir des gammes de couleurs saisonnières et prévisionnelles pour le monde industriel. Sous son aspect très institutionnel, ce comité n'a de scientifique que le nom. En effet, il s'agit avant tout de décider « au flair » de couleurs qui doivent être la traduction des mouvements de la société, une société de jeunes qui aspirent à une révolution.

Les grands magazines de mode ont été des aides précieuses à la propagation des tendances et à l'épanouissement de la société de consommation.

Entre une mode formelle en gris et beige et des stylistes qui tentent de réveiller un système de la mode conservateur, les jeunes amorcent une révolution en Technicolor.

Marlon Brando, icône de la jeunesse et sex-symbol, fait exploser les codes et impose à son insu un style qui devient la tendance.

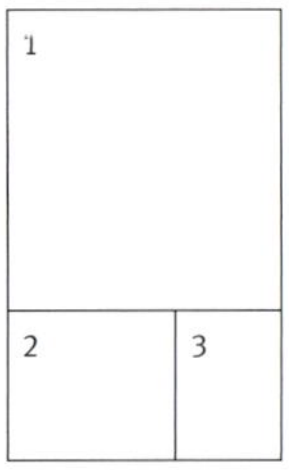

UNE GUERRE DE GÉNÉRATIONS

Il faut se rappeler qu'à cette époque, la notion de « jeunes » n'existe pas, ils ne représentent pas une réalité sociale, on parle « de jeunes filles et de jeunes gens » qui attendent sagement le passage à l'âge adulte, le cheveu lisse et la socquette bien tirée sur le mollet, sous l'autorité parentale.

La jeunesse a été « inventée » aux États-Unis, dans le comté de San Benito en Californie plus précisément. Un jour de 1947, jour férié de l'Independance Day, des motards organisent dans la petite ville de Hollister une course de vitesse qui va « se terminer en baston ultra-violente », selon les observateurs de l'époque, boutiques et bars de la rue principale sont mis à sac. Cet événement saisit l'Amérique tout entière qui découvre « des bandes de jeunes rebelles » rejetant « la vision d'une nation entière ayant adopté un costume standardisé, une coupe de cheveux standardisée, une bicoque standardisée équipée d'appareils standardisés, des voitures, des mômes et même des chiens standardisés[17] ». En 1954, le film de Laslo Benedek *L'Équipée sauvage*, incarnée par Marlon Brando, va déclencher un mouvement esthétique, une tendance portée par les rythmes du rockabilly, la première forme historique du rock'n'roll. Cette musique de jeunes s'accompagne d'une mode vestimentaire devenue universelle : une paire de jeans, un T-shirt blanc, un blouson noir.

17. Mick Farren, *The Black Leather Jacket*, cité par Ted Polhemus, *Looks d'enfer*, Éditions Alternatives, 1995.

Johnny

Maïmé Arnodin (à gauche) et Denise Fayolle (à droite), figures mythiques et véritables sémaphores de la tendance, ont très tôt compris que le monde changeait et qu'il fallait emboîter le pas à la modernité en germe, et plus encore la précéder pour anticiper les mouvements sociétaux.

Ce lien entre apparence, mode de vie et musique va ouvrir la voie à des cohortes de tendances. Aux rythmes du rock et de la pop, les jeunes s'entichent des looks originaires de Londres, prennent le chemin de Katmandou, s'évadent dans la fumée bleue du chanvre indien. Un multiculturalisme qui déplace le curseur social dans tous les sens et dans l'hystérie de la révolution anti-bourgeoise : le bon goût est de cultiver le mauvais, de porter une minijupe en Nylon ou une robe longue hippie en tricot, l'important est d'avoir une dégaine.

Plus tard, le folk, le disco, le funk, le hard rock, le grunge, le hip-hop ou aujourd'hui la tecktonik inspirent des attitudes et des allures « jeunes » rapidement rattrapées par le système de la mode qui les avale, les absorbe et… les démode !

Avant d'en arriver là et dans le contexte d'agitation des années 1960, les professionnels de l'habillement qui vendent des « confections[18] » peu attrayantes observent sans trop comprendre ce qui se passe. Dans l'Hexagone, le secteur textile-habillement déploie des conglomérats de vieilles usines construites à la fin du XIXe et au début du XXe siècle pour la plupart, aux mains d'un patronat paternaliste et conservateur. Il manque à cette industrie un véritable dépoussiérage des esprits, une mise en couleurs et en style de ses produits, une réelle politique de promotion vers les consommateurs, les jeunes consommateurs. C'est beaucoup pour des industriels dont le mot « marketing » évoque l'invasion barbare de technocrates pétris d'américanismes et de réflexions peu productives.

En 1956, Maïmé Arnodin, directrice du *Jardin des Modes*, publie un article sur un métier qui n'existe pas encore, sinon en filigrane, dont elle invente le nom : styliste. Sa fonction ? Donner du style à ce qui n'en n'a pas, démocratiser l'inaccessible, épurer la lourdeur, rendre beau ce qui est laid, transformer les confections en articles de mode. Le mot passe un moment inaperçu, très vite rattrapé par un système en germe.

18. Le terme s'applique à des « vêtements tout faits » fabriqués par des confectionneurs très peu, pour ne pas dire pas du tout, sensibilisés à la mode. Le prêt-à-porter tel qu'on le connaît aujourd'hui est encore balbutiant à cette époque.

DIPLOMATIC

PRODUITS

ngerie	sportswear	doublure	maison	passementerie
	●			
●	●	●	●	
●	●	●	●	
	●			

DIPLOMATIC

Neue Fonds : Zeitungen für schicke Sportswear Vers

Neutrals, die an Zeitungsfarben erinnern, zu "Fau
lebhaften Farben kombiniert.

Auf trockene Wollstoffe, superfeine Maschen, Moll
und BW/Leinen zu drucken.

Besonders für den HAKA und Junior Markt mit S
Unterhosen, Futter, Sportswear und Bettwäsche.

d zu klassischen

anell, Baumwolle

nkt auf Hemden,

1 2 3 4 5

À la fin des années 1950 et au début des années 1960, la société est écartelée entre un modèle encore très convenu et un système en passe « d'exploser ».

La jeunesse est l'actrice vibrante d'une société qui bascule de la passivité ennuyeuse à la rébellion émancipatrice, un phénomène perçu par les « faiseurs » de tendances de l'époque.

Installée faubourg Saint-Honoré à Paris, l'agence de Fred Carlin devient une entreprise florissante.

LA FABRIQUE DES TENDANCES

•

Les Don Quichotte de la tendance ne perdent pas espoir devant les blocages du système. Fred Carlin sait que la société en révolution sourde, la massification de la consommation et des modes de vie va obliger les conservateurs à bouger. Maïmé Arnodin quitte alors le journalisme pour prendre des fonctions importantes aux Grands Magasins du Printemps ; en charge de la promotion des ventes et de la publicité, elle va mettre à profit son sens de l'observation et de l'analyse pour à la fois s'intéresser à la classe nouvelle d'individus consommants, les jeunes, et répondre à l'émergence d'un prêt-à-porter qui bouscule les rayons avec des marques inédites.

Elle s'engage dans une démarche pédagogique où il s'agit d'équilibrer « la fantaisie et la raison » pour convaincre des industriels très largement sceptiques. En 1961, elle crée le premier cahier de tendances couleurs, le « premier cahier de style », un parti pris de teintes « audacieuses » c'est-à-dire non neutres, une palette totalement subjective guidée par l'inspiration, des coloris accompagnés d'images et de mots, de concepts et de sens choisis arbitrairement par des... stylistes ! « Il fallait faire quelque chose », souligne-t-elle, tant les produits étaient tristes et les industriels incapables de se projeter dans l'avenir[19]. La couleur est la porte d'entrée d'un système de prévisions à construire, parce qu'elle éveille l'imaginaire, révèle la grammaire esthétique de chaque époque, stimule

19. In *Dépèche Mode Professionnel*, juillet-août 1982.

les sens, à condition de savoir l'imposer dans un monde marchand en pleine ébullition.

Comme quelques autres, Maïmé Arnodin travaille à l'intuition, elle observe la jeunesse, regarde les artistes, analyse les mouvements culturels, décrypte ce qui frémit sur le plan social. Flanquée d'un véritable radar, la styliste tente d'apporter un éclairage, son éclairage, sur le monde industriel. Avec quelques autres, elle invente un nouveau sacerdoce : suggérer la consommation de demain et réduire l'incertitude de la production… pour vendre plus, encore plus, toujours plus !

Dans le même temps, à la tête d'un « bureau de style » intégré (qu'on n'appelait pas comme ça à l'époque… que d'ailleurs on n'appelait pas !) de la chaîne des magasins populaires Prisunic, Denise Fayolle (qui deviendra la comparse de Maïmé Arnodin) initie le « style Prisu ». Sa philosophie est claire mais sa tâche, laborieuse. Elle consiste à convaincre des fournisseurs et des industriels de « designer » (selon le terme anglo-saxon) des vêtements, des meubles, des articles du quotidien, l'environnement des magasins et le conditionnement des produits, de les intégrer au nouveau contexte économique et social ; de créer et proposer des « produits au goût du jour, des produits à la mode ». « C'était invraisemblablement difficile, dit-elle, mais chaque pion avancé avait une résonance énorme. Chaque progrès se répercutait au niveau de l'industrie et touchait toute la filière [20]. » La société de consommation s'invente, les consommateurs aussi : ils ne veulent plus du « pas cher, pas beau » ! La vision de ces premiers prophètes de la tendance ouvre une nouvelle voie créative pour les fabricants et les distributeurs.

De son côté, Françoise Vincent, animatrice du Comité central de la laine (organisme qui promeut le savoir-faire des lainiers) et elle aussi observatrice du monde en révolution, découvre aux États-Unis le design industriel et un système de la mode entièrement organisé avec la production et la promotion de vêtements accessibles, ce qui est encore loin d'être le cas en France, pays de l'immobilisme peu sensible à la modernité. Devant un parterre d'industriels du textile et de l'habillement du nord de la France, elle tente de communiquer son choc culturel et l'enthousiasme neuf qui l'anime, en leur ouvrant l'horizon. Pas simple, vraiment pas simple, tant ces messieurs (le monde industriel, même textile, est encore dirigé par les hommes) renâclent à prendre en charge envies et besoins des consommateurs, masse abstraite et informe, méprisable même.

« On nous prenait pour des allumées, se souvient Suzanne Marest, ex-styliste au Bureau de style Chaussures Maroquinerie Cuir et actuelle vice-présidente du Comité français de la couleur. Chaque démonstration exigeait beaucoup d'effort et d'énergie

Avant de s'énoncer comme un « bureau de style », un « cabinet de tendances », Fred Carlin se fait appeler « conseil en création textile », une pudeur compréhensible pour un métier encore mal compris à l'époque.

20. In *Dépêche Mode Professionnel*, juillet-août 1982.

Fred Carlin
CONSEIL EN CRÉATION TEXTILE * 54 FAUBOURG SAINT-HONORÉ, PARIS 8e

1

2

D'hier à aujourd'hui, le système des tendances s'est construit de manière totalement empirique.

pour les convaincre d'appréhender les tendances pour mieux coller à la réalité des individus. Mais on s'apercevait très vite que les gens de la rue, les anonymes, avaient beaucoup moins de tabous que les industriels et les professionnels du commerce. En fait, ils ne voyaient pas que le monde "explosait" ! »

UN NOUVEAU MÉTIER

S'atteler à la « création de besoins et de désirs, la création du dégoût pour tout ce qui est vieux et démodé [21] », c'est ainsi que des professionnels américains de la publicité parlent de leur métier dans les années 1950. Les stylistes qui émergent en France, récupèrent cette assertion. Leur métier consiste à proposer une lecture des marchés, de la consommation, à comprendre les comportements des individus et à donner aux producteurs, les moyens de concevoir le futur, de démoder le passé pour imposer le présent par anticipation.

En 1966, Françoise Vincent s'associe à un distributeur, un tisseur... et un publicitaire ! pour fonder Promostyl, une agence de style et de promotion, dont l'objectif principal est de créer une méthodologie créative pour aider l'industrie du textile et de l'habillement à proposer des produits « à la mode ». Pour faciliter l'appréhension des tendances, elle va concevoir des cahiers d'informations tendances pour l'amont de la filière, le fil et la couleur, et ensuite pour l'aval, le prêt-à-porter, les articles en maille et les accessoires.

21. Vance Packard, *La Persuasion clandestine*, Calmann-Lévy, 1958.

Il s'agit, pour la première fois, de poser les tendances comme un état de choses qui s'exploite. Ces cahiers, édités deux fois par an, sont en effet un guide de « courants de mode » certes arbitraires, mais censés être plus conformes aux attentes des consommateurs, parce que mieux ancrés dans leur quotidien.

Si l'agence de publicité pousse le produit à la mode vers le consommateur, l'agence de style tire les tendances vers les industriels. À condition que ces industriels comprennent les enjeux de captation des phénomènes de « mode » (et pas seulement au sens vestimentaire, faut-il le rappeler, mais aussi au sens d'attitudes, de comportements, d'usages…) pour créer des besoins et des désirs.

Confrontée à des premiers clients difficiles à convaincre, Maïmé Arnodin épouse professionnellement Denise Fayolle en 1968. Ensemble, elles créent l'agence Mafia (un acronyme symbolique et ironique qui signifie Maïmé Arnodin Fayolle International Associées). Leur objectif étant de stimuler les tendances en s'adressant directement aux consommateurs, leur agence cumule alors trois compétences complémentaires : publicité, style et relations presse. Selon elles, si on « manipule » les consommateurs en leur donnant envie de couleurs, de tendances et de produits nouveaux, les industriels seront obligés de proposer ces nouveautés au risque de déplaire et de disparaître, une sorte d'habile « fabrication de l'assentiment » par procuration [22].

De son côté, au début des années 1960, Fred Carlin fonde une société de conseil en créations textiles composée d'un volant d'ingénieurs comme lui ; en 1967, fortement sensibilisé à cette nouvelle activité de « tendances » avec le Comité français de la couleur, il décide d'élargir son savoir-faire et engage des stylistes pour réaliser lui aussi des cahiers de tendances couleurs, matières et formes, véritables guides de travail à l'usage des producteurs.

22. Armand Mattelart *in* « La fabrique du conformisme. Manière de voir », *Le Monde diplomatique*, décembre 2007-janvier 2008.

Les rapports des collections de mode dans les magazines sont une façon de mettre en lumière de manière explicite les tendances créées par les couturiers.

MODE

PARIS . mars 1952

Tu me demandes, Chère Françoise, comment t'habiller pour le printemps —

Tu as dû lire avidement tous les comptes-rendus des collections. Tu t'y es perdue, peut-être? Aussi ai-je fait pour toi à ma façon une synthèse de tout ce que j'ai vu — J'en ai tiré à ton intention des conclusions pratiques —

Sache d'abord que tu porteras des SWEATERS du matin au soir — Souvenir de Chanel +

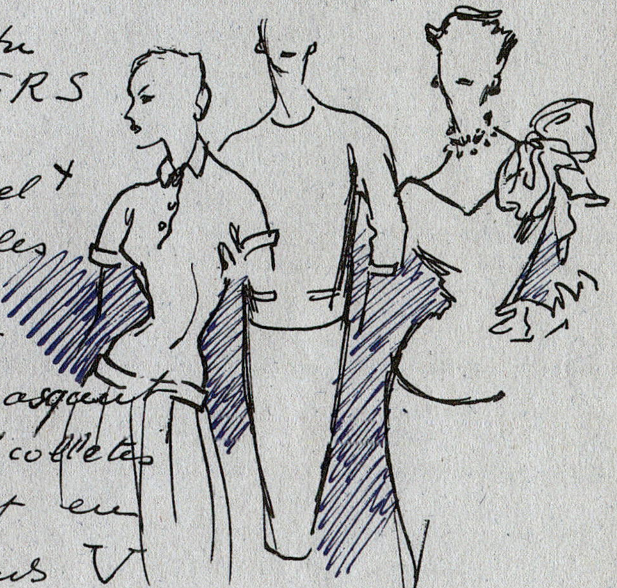

Toi qui es mince tu les choisiras moulants. Cependant il en existe aussi de droits qui masquent la taille — Leurs décolletés les plus nouveaux sont en forme d'U ou de grands V ou simplement "bateaux"

Ils sont toujours exactement de la même longueur que la jaquette ou le box coat sous lesquels on les porte

Et les box coats, on les voit partout, courts ou longs, aussi bien sur les jupes amples que sur les jupes étroites

Si tu veux mettre à la mode ton tailleur de l'an dernier coupe les manches pour laisser dépasser un poignet blanc →

Ramène la basque à 12 cm et desserre le boutonnage pour que la taille ne soit pas trop cassée

Arrondis les angles

Allonge ta jupe de 2 cm, de 3 cm si tu le peux. Cela sera mieux encore

La taille voyage à toutes sortes de hauteurs, de la ligne empire à la ligne sweater et pour cela elle a recours à toutes sortes de malices = Sois donc inventive –

Les martingales voyagent aussi -
Amuse toi à les déplacer

Soumets toi au mot d'ordre : la SOUPLESSE
+ Supprime ton jupon et laisse tomber mollement l'ampleur de ta robe -

Si tu veux rapidement te faire une jupe, prends 2 ou 3 hauteurs de tissu et monte les en plis non repassés et droit fil -
Ou bien utilise le plissé machine

Porte des escarpins, plus de talons trop hauts.

Ta marche aussi doit être souple

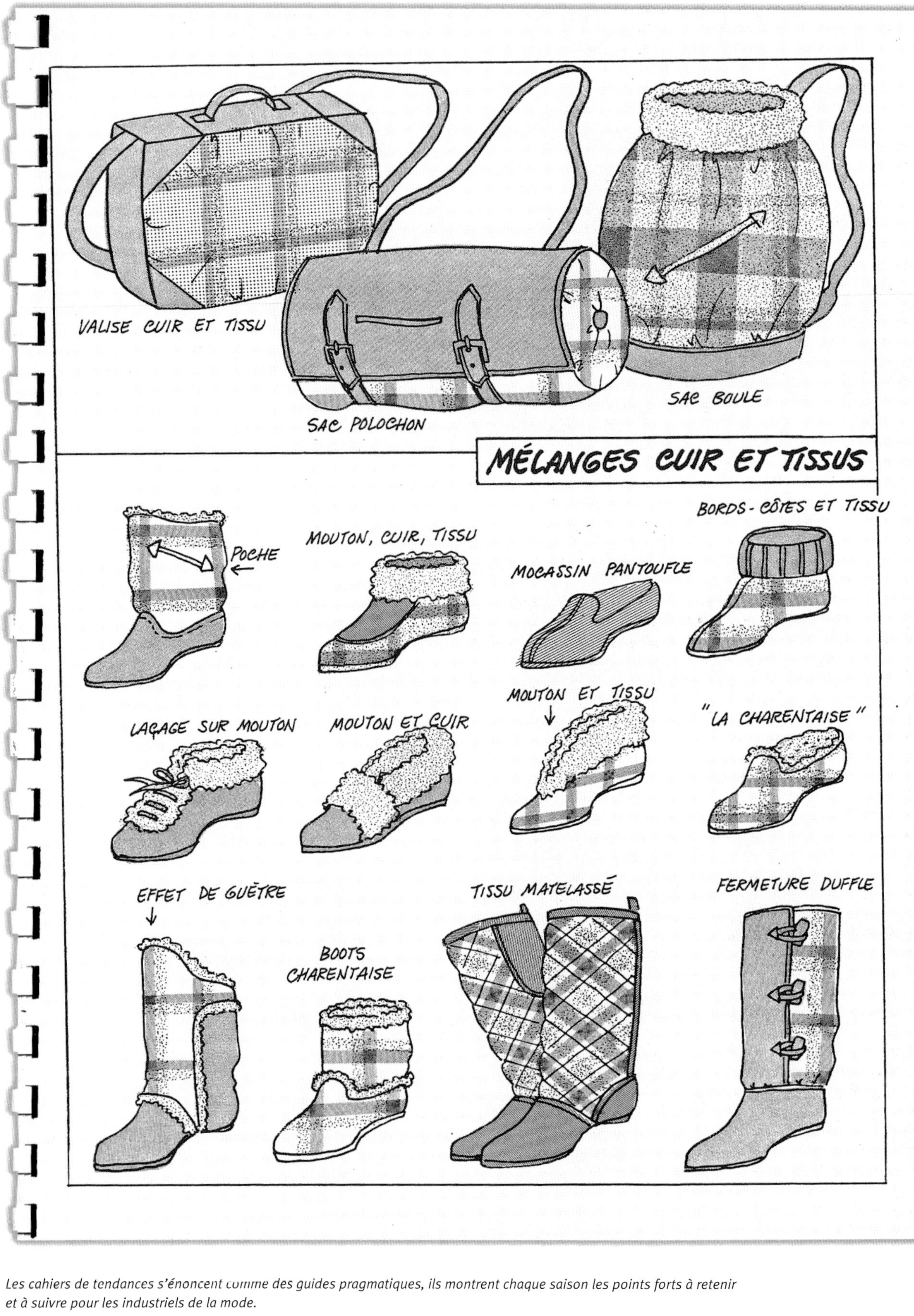

Les cahiers de tendances s'énoncent comme des guides pragmatiques, ils montrent chaque saison les points forts à retenir et à suivre pour les industriels de la mode.

Cartographie imaginaire. *Imaginary cartography.*

Parures de là-bas. *Finery from over there.*

Tatouages aborigènes. *Aboriginal tattoos.*

Rayures et graphismes rythmés. *Rhythmic graphics and stripes.*

summer in winter

Ô
LES BEAUX CAHIERS...

OUTIL INTUITIF, qui deviendra plus tard outil analytique, le cahier de tendances décline généralement quatre à six courants esthétiques par saison (quatre étant la norme), un assemblage de sensibilités, de mots, d'images, de signes glanés çà et là... « Un travail très empirique, appuyé par des voyages, des lectures de magazines, des choses vues dans des expositions d'art, les défilés des couturiers... raconte Ghislaine Dubrulle-Michaux, styliste qui a débuté sa carrière chez Fred Carlin en 1967. On se fiait essentiellement à notre instinct, à nos envies, sans évidemment intégrer des analyses marketing ou sociologiques qui nous échappaient totalement... »

Pas plus qu'elles ne prenaient en compte des réalités quantifiées et qualifiées des marchés qui existaient peu.

« Nous nous mettions autour d'une table et chacun donnait ses idées, révélait ses visions, puis nous bâtissions les tendances au *feeling*, un peu comme dans une réunion de rédaction d'un magazine... ajoute Ghislaine Dubrulle-Michaux. Nous avions proposé des couleurs sombres la dernière saison ? Alors pour la suivante, on proposait des impulsions plus vives. Les jupes étaient mi-longues cet été ? Alors on les raccourcissait l'hiver d'après... » L'intérêt de cette approche « bricolée » qui pousse à la consommation met du temps à être compris par l'écosystème très rationnel du monde industriel. « La profession de styliste était exotique à l'époque, pour beaucoup de

Outil sensoriel, un cahier de tendances donne à voir, à toucher, à comprendre, à ressentir...

gens, ça n'était pas un vrai métier reconnu, structuré, crédible. » Un passe-temps plutôt, souvent associé à des « bourgeoises », à des « bohèmes » qui faisaient de la mode par plaisir, des femmes estimant avoir du goût et s'improvisant stylistes pour s'occuper. « En France particulièrement, ce travail était très mal vu, mais pas à l'étranger, porté sans doute par le pouvoir d'attraction de Paris, capitale de la mode... »

Ce qualificatif peu avenant de « bourgeoises » tient sans doute à l'origine première du métier de styliste : pour adapter et rendre vendables les confections des industriels de l'habillement dans les années 1950, les grands magasins avaient engagé des femmes du monde, des élégantes forgées aux moules de la haute couture, capables d'ennoblir un vêtement terne, d'embellir une silhouette sans personnalité – un toilettage esthétique peu convaincant en vérité.

L'arrivée de nouvelles personnalités emblématiques – Dominique Peclers, Nelly Rodi, Li Edelkoort... –, sans parler du travail des précurseurs, va imposer la vraie définition de la fonction de styliste et améliorer l'image des bureaux de style qui entament une véritable professionnalisation de leur activité. Le nombre d'éditions de cahiers de tendances augmente d'année en année pour s'adresser à des marchés spécifiques, jusqu'à une vingtaine par saison (prêt-à-porter femme, homme, enfant, bébé, maille, sportswear, jeanswear, lingerie, beauté, décoration, alimentation, matières...) ; leur tirage augmente aussi, entre 150 et 800 exemplaires chacun deux fois par an. Une manne récurrente pour cette activité artisanale qui s'organise petit à petit, s'industrialise même avec entre 20 et 80 collaborateurs par agence qui œuvrent à la mise en forme des tendances dont l'intérêt grandit dans le monde entier. « Chez Carlin, nous réalisions déjà 80 % des ventes à l'étranger : au Japon, aux États-Unis, en Asie, dans toute l'Europe... », souligne Ghislaine Dubrulle-Michaux. Des ventes complétées par des contrats de style, de créations de produits avec des marques et des distributeurs. « Les catalogues de vente par correspondance et la grande distribution, qui ont véritablement explosé entre les années 1970 et 1980, ont fait très tôt appel à nous pour réaliser leurs collections entières. »

Les stylistes ne sont plus seulement des inspiratrices ou des révélatrices de tendances (« des faiseuses d'anges, selon certains contempteurs, qui font accoucher des souris aux montagnes »), elles sont aussi des créatrices de produits et de collections. « En vingt ans, nous avons fait un parcours de deux siècles, constate Françoise Vincent. Nous avons innové formidablement après la guerre. Personnellement, j'ai voulu prouver que la créativité et la technique n'étaient pas incompatibles[23]. » « C'est un métier fragile dont la matérialité se bâtit sur du sable, explique Suzanne Marest. Il exige un grand esprit de synthèse, un bon œil et un excellent raisonnement... Et plus encore une certaine distance sur les événements pour éviter de tomber dans l'anecdote, ce qui est souvent le cas. »

23. In *Dépêche Mode Professionnel*, juillet-août 1982.

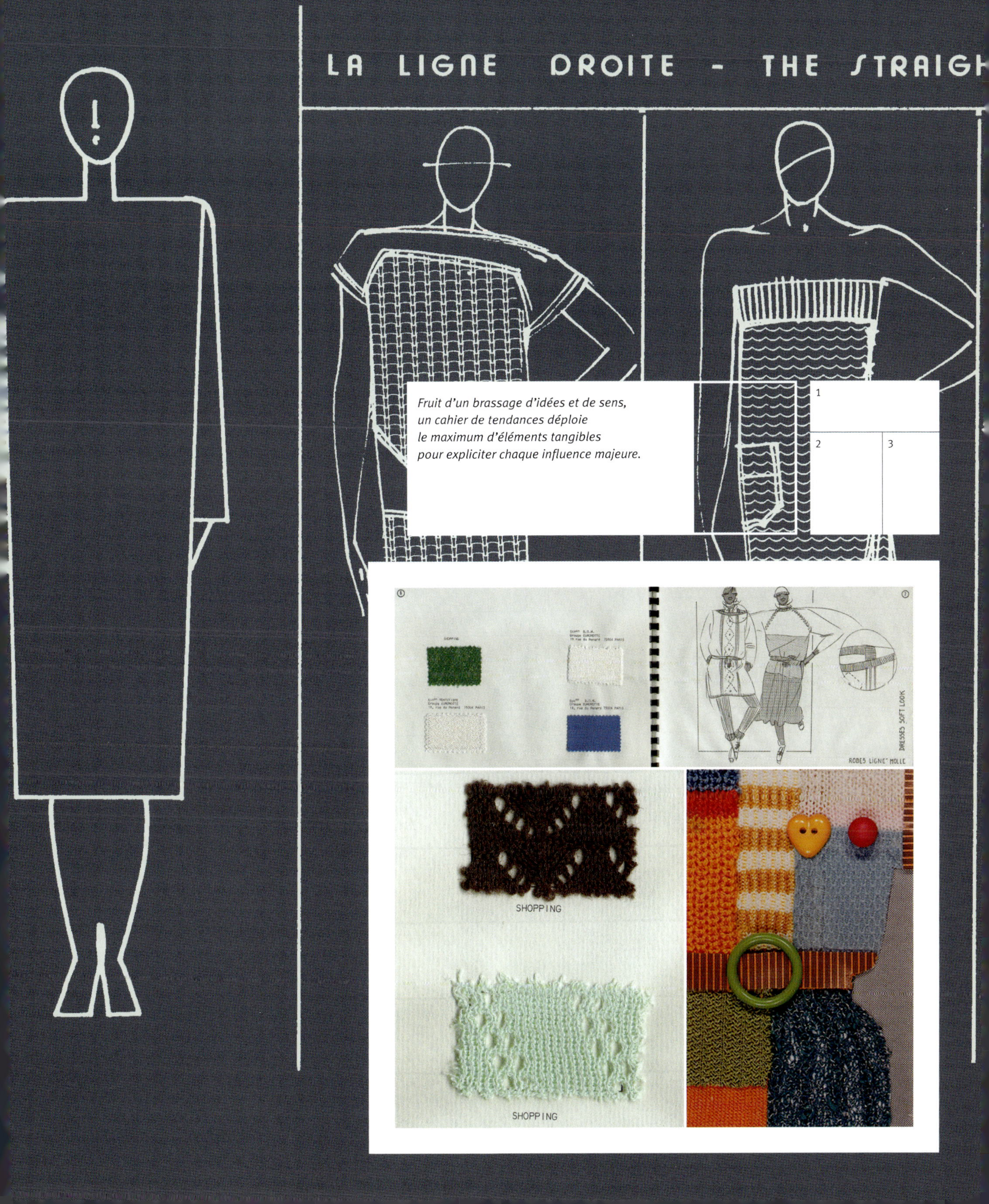

Fruit d'un brassage d'idées et de sens, un cahier de tendances déploie le maximum d'éléments tangibles pour expliciter chaque influence majeure.

1
2 3

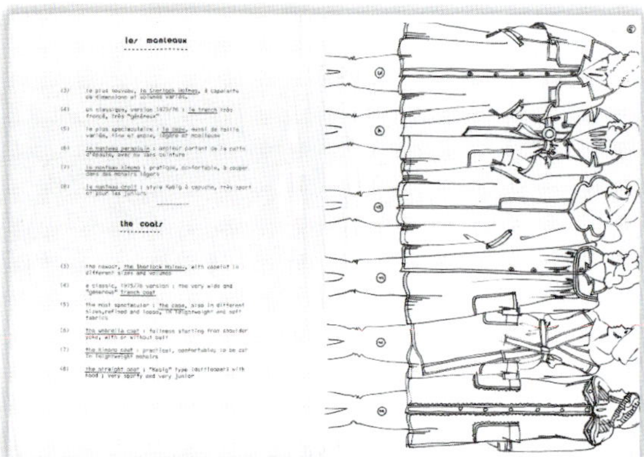

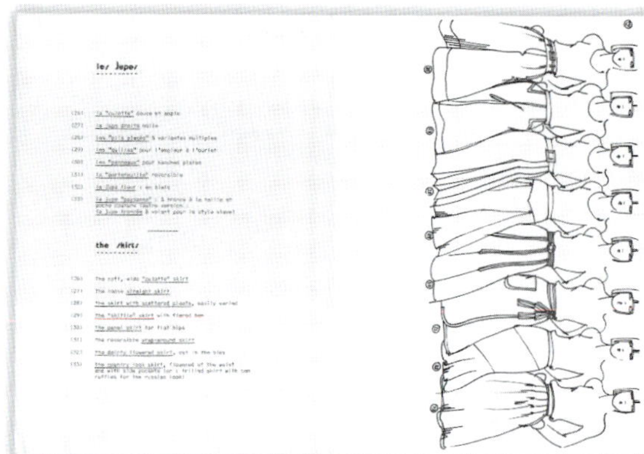

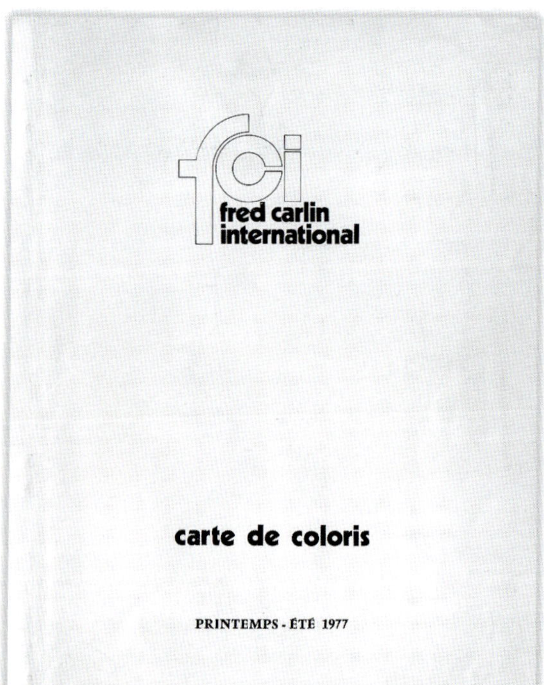

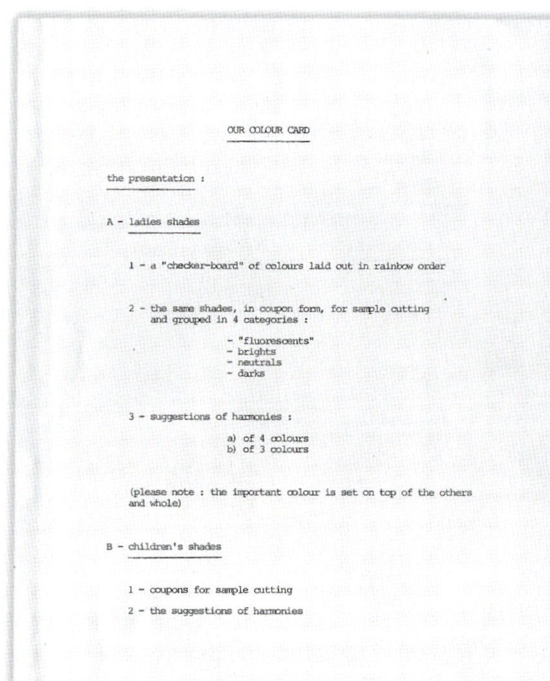
OUR COLOUR CARD

the presentation :

A - ladies shades

1 - a "checker-board" of colours laid out in rainbow order

2 - the same shades, in coupon form, for sample cutting and grouped in 4 categories :

- "fluorescents"
- brights
- neutrals
- darks

3 - suggestions of harmonies :

a) of 4 colours
b) of 3 colours

(please note : the important colour is set on top of the others and whole)

B - children's shades

1 - coupons for sample cutting

2 - the suggestions of harmonies

Les premiers cahiers de tendances étaient très basiques : des synthèses frustres, quelques formes pour les illustrer, des gammes et des harmonies de couleurs. En peu de pages : une vingtaine au maximum !

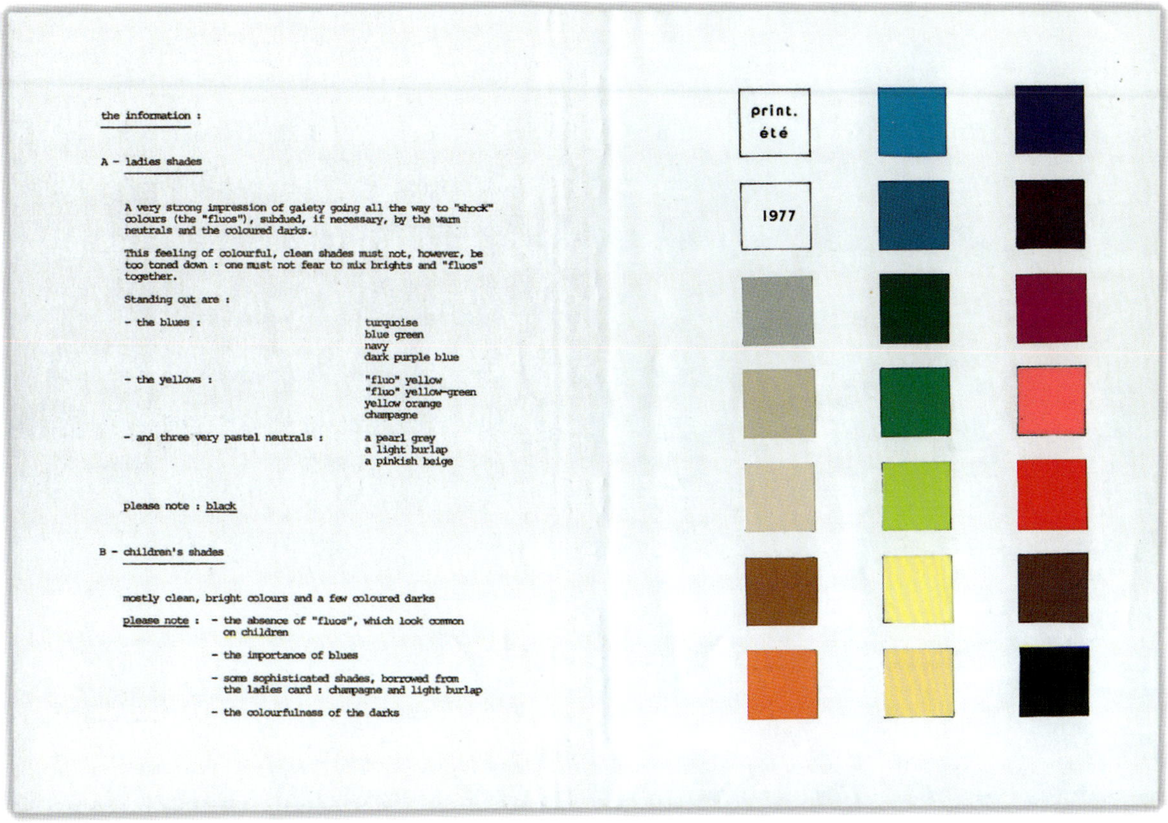

the information :

A - ladies shades

A very strong impression of gaiety going all the way to "shock" colours (the "fluos"), subdued, if necessary, by the warm neutrals and the coloured darks.

This feeling of colourful, clean shades must not, however, be too toned down : one must not fear to mix brights and "fluos" together.

Standing out are :

- the blues : turquoise, blue green, navy, dark purple blue
- the yellows : "fluo" yellow, "fluo" yellow-green, yellow orange, champagne
- and three very pastel neutrals : a pearl grey, a light burlap, a pinkish beige

please note : black

B - children's shades

mostly clean, bright colours and a few coloured darks

please note :
- the absence of "fluos", which look common on children
- the importance of blues
- some sophisticated shades, borrowed from the ladies card : champagne and light burlap
- the colourfulness of the darks

Au fil du temps, les cahiers de tendances se sont amplement enrichis, thématisés, sophistiqués pour évoluer vers un support d'anticipations et de créations très poussé. Aujourd'hui, ils « pèsent » lourd avec pour certains plus de cent pages d'informations, vendus entre 1 000 et 4 500 euros.

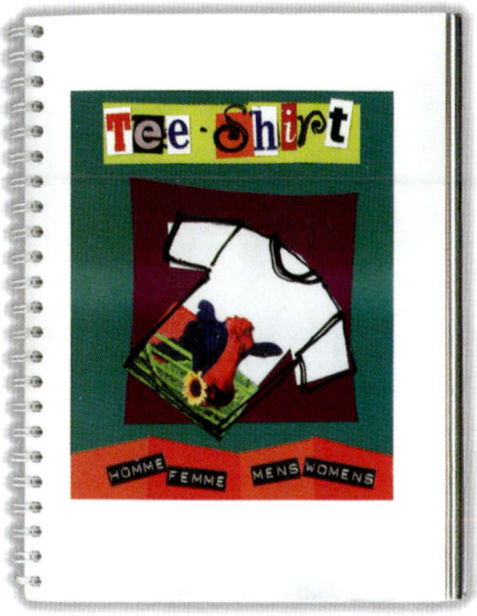
Tee-Shirt
HOMME FEMME
MENS WOMENS

CARLIN
international
IMPRESSIONS
ETE 92
PRINTS SUMMER 92
Paris

PRÊT A PORTER
READY TO WEAR

intérieurs
interiors
2002
tome 2 · part 2
carlin

impulsions
impulses
2002
2003
hiver 2002-2003 winter

YARNS
FILATURE
WINTER
HIVER
2003.04
carlin

carlin
international
Graphic mood
décors et graphismes
prints and graphics
hiver - winter 2008/09

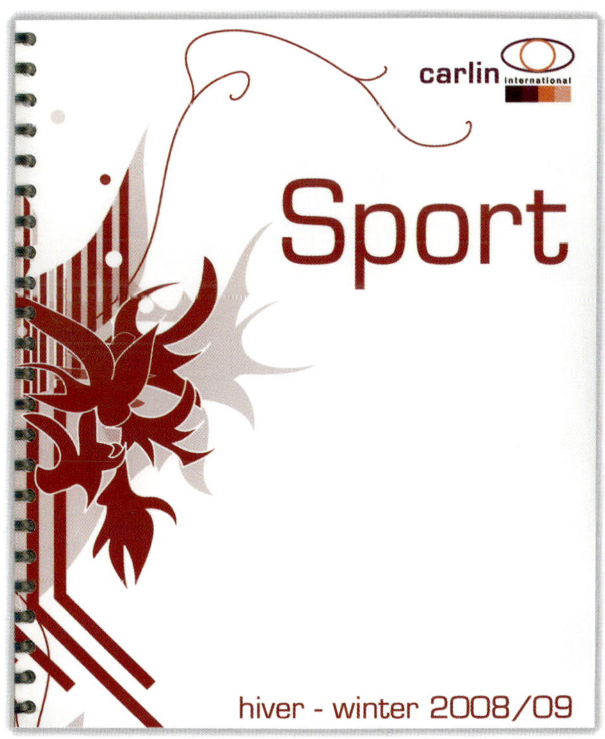
carlin
international
Sport
hiver - winter 2008/09

insoucance

CERVEAU DROIT ET CERVEAU GAUCHE

•

« DES FEMMES, rien que des femmes ! Ce métier ne peut être que féminin ! » assène un observateur dans les années 1970. « C'est normal, les femmes sont plutôt cerveau droit », poursuit un autre. Comprenez, les femmes sont plus intuitives, plus créatives, davantage sensibles aux images, elles possèdent un esprit de synthèse, une vision plus globale du monde. À l'inverse, les hommes seraient « cerveau gauche » donc fonctionnalistes, rationnels, analytiques, plus à l'aise avec les théories et les abstractions. Encore aujourd'hui, cette « théorie des deux cerveaux » (théorie imbécile disent les plus emportés, totalement mythique pour les moins virulents) continue de véhiculer l'idée que ce métier de « tendanceuse » ne pouvait que s'accorder au féminin. « Malgré des bases expérimentales manifestement peu étayées, la théorie des deux cerveaux a séduit beaucoup de monde car elle est simple et cristallise une représentation bipolaire du monde. On ne s'étonnera pas que cette théorie soit devenue le creuset de toutes sortes de spéculations plus ou moins mystiques. [...] Ces arguments sont toujours utilisés dans une certaine presse grand public[24]. » Pour Ghislaine Dubrulle-Michaux, une chose est certaine, « ce métier a toujours été féminin, inventé et suivi par des femmes. Pendant les vingt premières années, il n'y avait pas d'hommes ». À l'exception notable de Fred Carlin...

Les femmes sont-elles de meilleures prospectivistes que les hommes ?

24. Catherine Vidal et Dorothée Benoit-Browaeys, *Cerveau, sexe et pouvoir*, Éditions Belin, 2001.

Les choses ont changé aujourd'hui, les hommes chaussent les lunettes visionnaires des chasseurs de tendances, mais ils demeurent toutefois minoritaires.

Si les stylistes fonctionnent à l'intuition, elles (et quelques ils) devront intégrer des notions plus rationnelles pour justifier leur parti pris de tendances et mieux cerner la réalité des marchés, des marchés en ébullition accélérée par une économie mondiale de plus en plus rapide et complexe.

« Dans les années 1960, nous avons créé des ruptures stylistiques volontaires et artificielles pour obliger les gens à consommer, les tendances servaient de carburant au moteur de la consommation, commente Ghislaine Dubrulle-Michaux. Aujourd'hui, ce n'est plus tout à fait la même chose, l'environnement économique a changé et la vision de l'avenir est très différente, plus anxieuse, plus dépressive. » L'optimisme inconscient des années 1960, l'euphorie consommatoire de cette période autorisaient toutes les dérives, ou presque, toutes les approximations prévisionnelles. La styliste avoue même s'être souvent leurrée sur certaines anticipations. « Je me souviens du mythe de l'année 2000 que nous avions imaginé dans les années 1980 : nous pensions que nous allions tous nous habiller en aluminium, en plastique, que nous vivrions en combinaison d'astronautes... On a vu à quel point les visionnaires que nous étions se sont trompés : cette vision de science-fiction n'a jamais abouti, témoin que les tendances ne doivent jamais être trop proches de l'imaginaire, mais au contraire s'inscrire le plus possible dans la réalité. Ce type de prospectives n'arrive plus aujourd'hui ; même si nous faisons certaines projections très poussées, nous restons dans un réel acceptable... »

Nelly Rodi reconnaît que ce métier a souvent été perçu comme superficiel parce qu'il était porté par des personnalités fonctionnant en satellite, peu attachées au désir de s'unir pour défendre des actions communes, des intérêts corporatistes. Et pour certaines d'entre elles peu enclines à jouer la carte du guide spirituel, expert mystérieux et manipulateur. « Néanmoins, il faut sortir du cliché : nous avons réussi à structurer la pyramide textile, du fil à l'habillement, et à donner un sens commercial et créatif à la mode, à la populariser », insiste-t-elle. En 1975, elle devient directrice de création du Comité de coordination des industries de la mode (le CIM, fondé en 1947) : « Quand je suis arrivée, moins d'une trentaine de fabricants adhéraient au CIM ;

Décrypter les tendances exige une part de rationalité, mais aussi de fantaisie et une grande liberté de ton et d'esprit pour les exprimer.

dix ans plus tard, ils étaient près de 500 ! Nous avons su les convaincre de la nécessité d'organiser les influences, de les soutenir avec des gammes de couleurs, des guides de tendances, de piloter les marchés pour faciliter la pénétration des produits de mode. » Une approche rationnelle et efficace : les ventes de vêtements et d'accessoires sont multipliées par vingt en dix ans.

PLONGER DANS LE RÉEL ET L'IMAGINAIRE

Il n'en reste pas moins vrai que ces professionnelles revendiquent le fait de se fier à leur flair, meilleur garant de leur esprit visionnaire, un flair qu'elles stimulent et entretiennent comme une gymnaste sur des barres parallèles. « Je fonctionne comme une éponge qui absorbe tous les signaux en suspension dans l'air : une couleur, une attitude, un film, une musique, l'esprit d'un lieu, l'œuvre d'un artiste... L'art a beaucoup d'influence, davantage aujourd'hui qu'hier, il donne un sens profond à la société, raconte Nelly Rodi. Ce métier exige une immersion de tous les instants et ce, dans le monde entier. Les voyages sont en effet indispensables : l'Europe, l'Asie, l'Amérique apportent des stimulations et des images fondamentales pour aiguillonner mon sixième sens. Et oserai-je dire, mon troisième œil. La capacité à saisir les tendances est sans aucun doute une question de regard, là où il se pose pour ensuite se projeter plus loin et révéler un autre point de vue. » Gourou ? Vous avez dit gourou ?

Les tendances se conçoivent par immersion personnelle et par échange collectif pour éviter les incohérences et les excentricités.

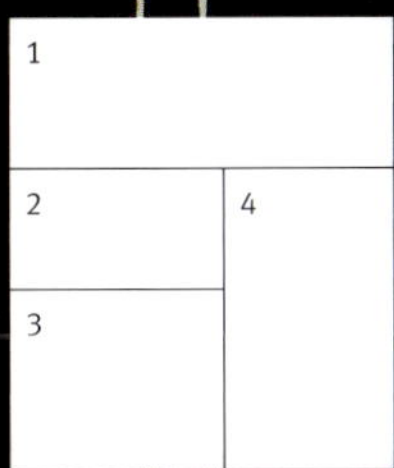

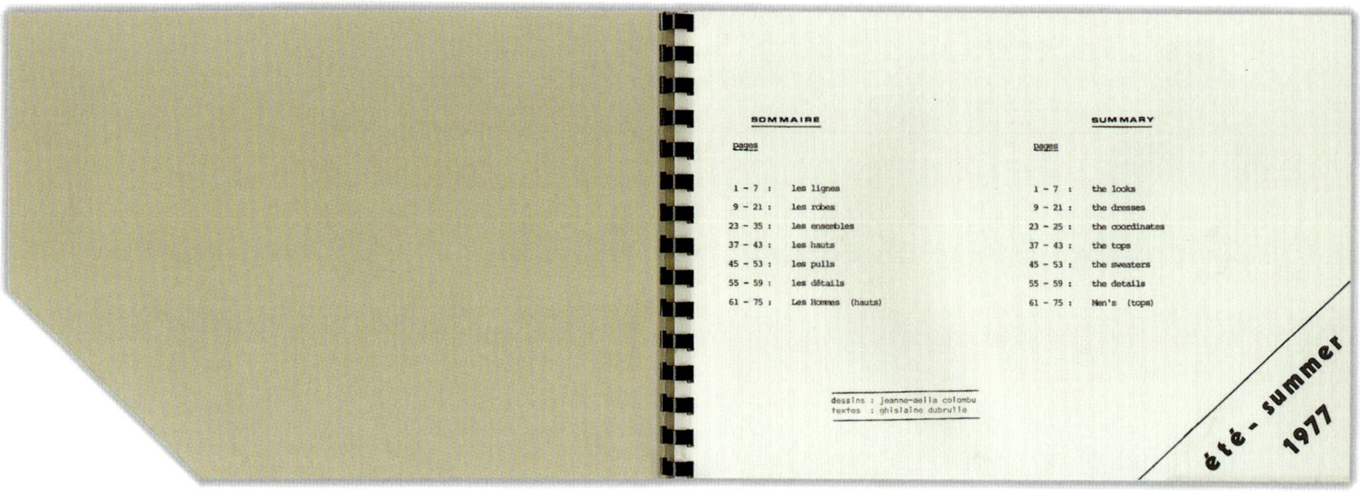

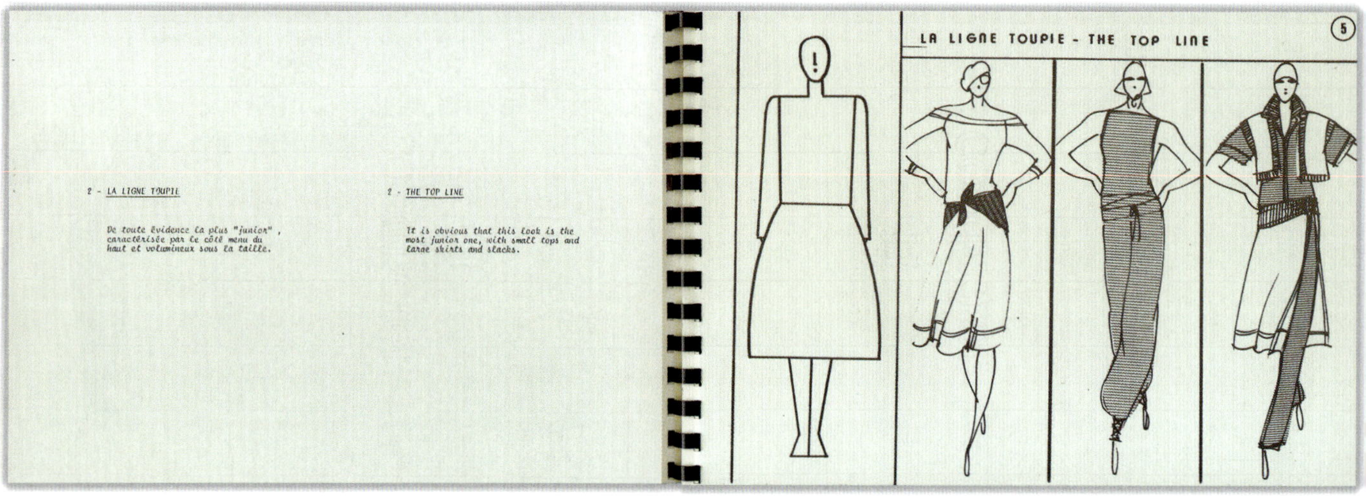

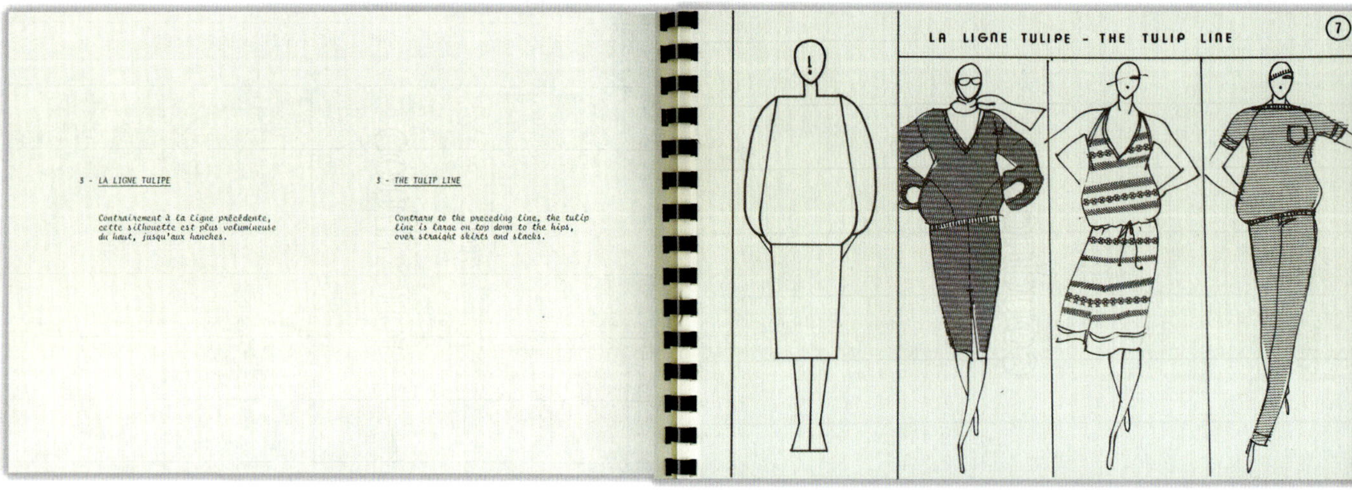

Les premiers cahiers de tendances se sont élaborés sur un modèle qui fonctionne encore de nos jours : la définition des thèmes, les lignes majeures et les développements produits avec des focus sur des détails importants.

LES ROBES - ligne toupie

- coupé cousu -

(9) robe polo, à décolleté tunisien et manches courtes, poches poitrine et ceinture foulard, nouée bas sur les hanches.

(10) robe souple, à grand décolleté carré, mancherons et poches contrastés, coupée aux hanches et ceinturée à la taille.

(11) robe sans manches, à col polo. Détail de galon contrasté pour ouverture devant, emmanchures ourlet et lien croisé sur les hanches.

(12) robe bain de soleil, à lien d'épaules noué. Empiècement jusqu'aux hanches en côtes et jupe volantée.

DRESSES - top line

- cut and sewn -

(9) short-sleeved polo-dress with "tunisian" neckline, breast pockets and low belted sash.

(10) large square neckline on a soft dress with contrasting pockets, sleeveline and neckline. Cut at the hips and belted at the waist.

(11) sleeveless polo-collar dress with contrasting piping on front slit, sleeveline, hemline and criss-crossed tie belt.

(12) tiered sun-dress with tied shoulder straps, ribbed bodice and breast pockets.

LES DETAILS

page 57 : les fermetures

A - pattes d'épaule pressionnées, en chaîne et trame

B - modestie triangulaire, pressionnée asymétriquement

C - épingle de nourrice sur encolure, fente, etc ...

D - poche bourse amovible boutonnée

E - patte boutonnée sur poche fente, fente, etc ...

F - patte passée dans boutonnière

page 58 : les fentes

G - à patte pliée et boutons passe-lacet

H - patte rajoutée sur laquelle est pressionné un lien de resserrage

I - fente à patte polo épinglée

J - patte boutonnée

K - fente à bord côtes liées

L - fente carrée à bords en point fantaisie

page 59 : les tailles

M - bande torsadée à lien passepoilé

N - haut bord côtes en lien croisé

O - bord côtes à poche bourse

P - bord côtes à lien entrelacé

Q - ceinture foulard

R - bord côtes lacés de chaque côté

DETAILS

page 57 : fastenings

A - snap shut tab at shoulder yokes

B - triangular modesty, snapped asymmetrically

C - safety pin on neckline, slit, etc ...

D - detachable button-on purse pocket

E - buttoned tab on slit pockets, slit, etc ...

F - tab sliding through button holes

page 58 : slits

G - with folded ribbing and lace holding buttons

H - added tab with tie- string snapped on

I - polo tab held with safety pin

J - buttoned slit

K - ribbed slit with tie knot fastening

L - square slit bordered by fancy stitch

page 59 : waists

M - cable stitch band with braid tie-string

N - tall ribbed band and criss-crossed tie-belt

O - ribbing with purse-pocket

P - interlacing tie on ribbed waist

Q - scarf waistband

R - side-laced ribbed band

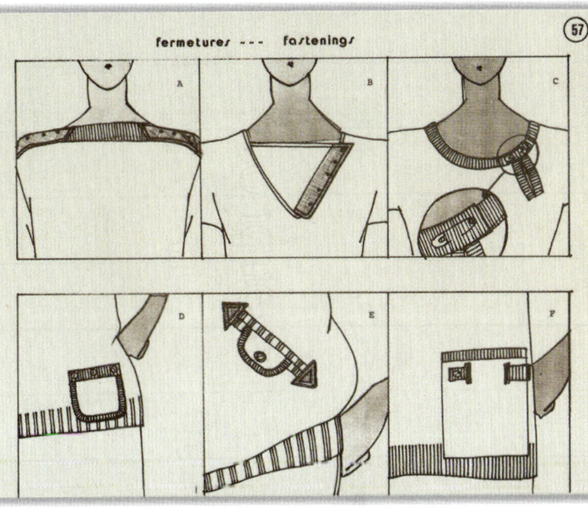

LES HAUTS - ligne tulipe

(53) blouson bain de soleil, à double lien de resserrage coulissé.

(54) sweat-shirt à capuche partant d'une encolure en V ; poche fente, capuche, encolure et emmanchures tombantes, galon contrasté ; coulissé aux hanches.

(55) T-shirt à modestie arrondie, manches courtes raglan et large bande de côtes aux hanches.

(56) T-shirt à encolure italienne, manches et hanches resserrées par des liens.

TOPS - tulip line

(53) strapless sun top with double draw-string.

(54) hooded V neck sweat-shirt with contrasting piping on hood, neckline, dropped sleeveline and pocket ; drawstring at hips.

(55) blouson T-shirt with rounded modesty front, short raglan sleeves and wide ribbed hip-band.

(56) italian neck T-shirt with criss-crossed ties on sleeves and hips.

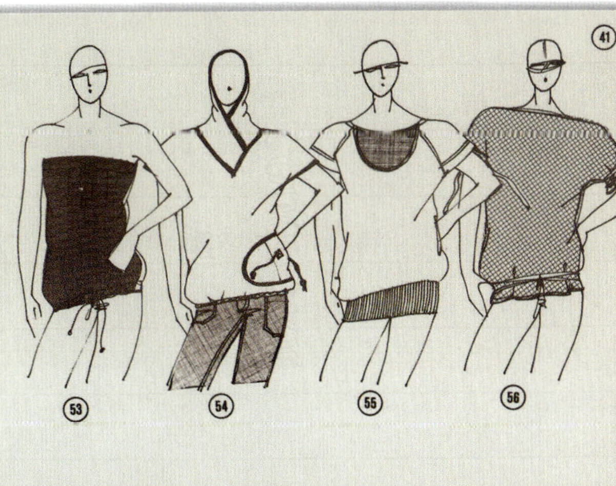

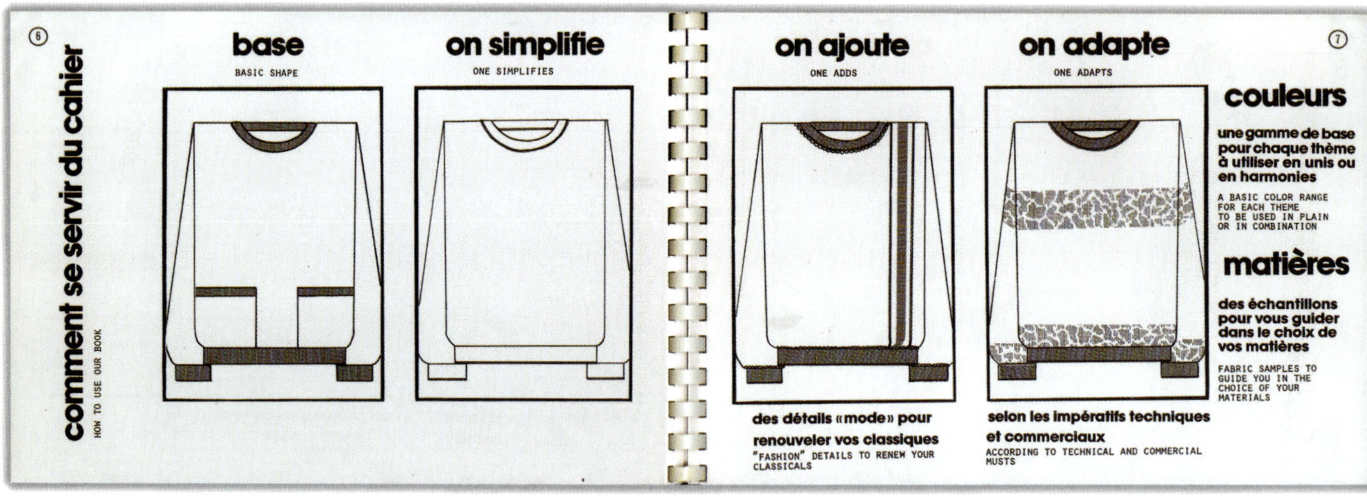

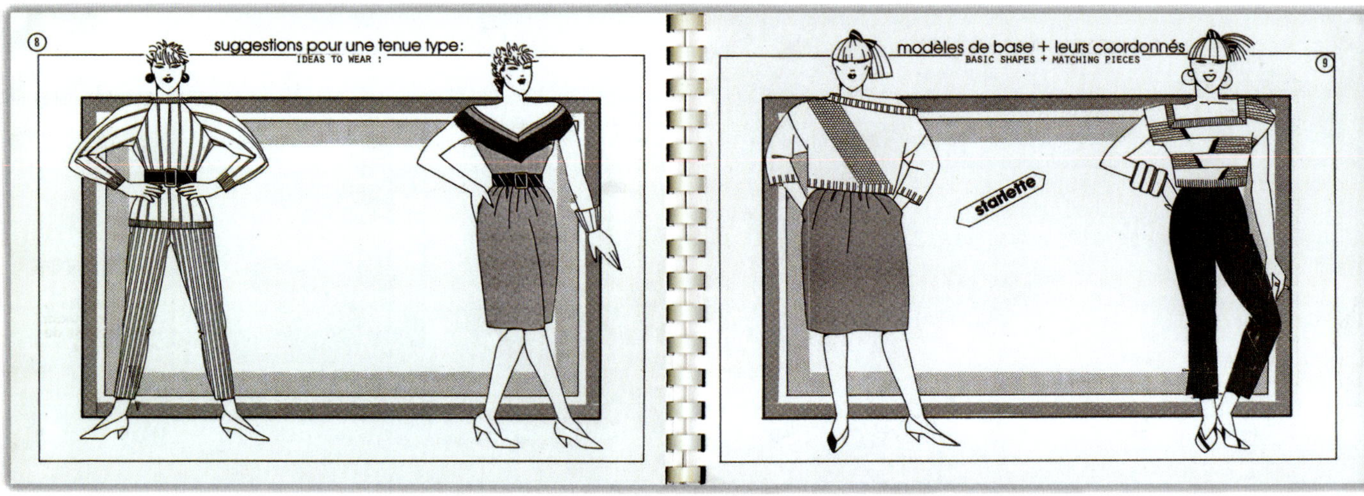

Dans la décennie 1970, les cahiers de tendances étaient « secs » et en noir et blanc ;
ils se sont ensuite enrichis de matières, d'images en couleurs et d'argumentaires style et marketing plus développés.

La maille a bouleversé la mode du XXè siècle,

raconte Ghislaine Dubrulle, responsable du Cahier Maille Femme.

— Pourrait-on se passer de la maille ?

— Franchement, je pense que c'est impossible, vous vous voyez, sans pulls ou sans t-shirts ? C'est vraiment un élément-clé de la mode du XXè siècle, et nous le devons à une très grande dame : Coco Chanel qui, la première dans les années 30, a compris l'intérêt de ce matériau fabuleux : un des plus adaptés à notre mode de vie, je crois. D'ailleurs les femmes l'ont plébiscité, et on peut maintenant s'habiller nuit et jour en maille.

— Précisément, n'y a-t-il pas une "lutte d'influence" entre la maille et le prêt à porter ?

— Non, plutôt un mariage de raison ! Les petites pièces "maille"

sont étudiées pour être coordonnées au prêt à porter. En revanche, la maille a pris son indépendance pour tout ce qui est : robes, ensembles, pantalons, et le prêt à porter exploite parfois les "tubes" de la maille ; souvenez-vous des pantalons training en lainage ou des t-shirts en soie !

— La maille peut-elle convenir à tous les styles ?

— Oui, car de plus en plus on en trouvera des interprétations très différentes :

. très sophistiquée par exemple, comme c'est le cas pour notre thème **Starlette**, très 50, avec ses hauts près du corps et ses super-décolletés à associer à des jupes très dansantes ou des pantalons moulants.

. très travaillée, dans notre thème **Olympie**, où, des tuniques courtes, des drapés dégageant l'épaule, rappellent l'époque "néo-classique" sans oublier la note sportive évoquant les fameux "Jeux".

. ou bien, romantique en diable, avec une touche campagnarde, et cela vous le verrez dans notre thème **Payse** dont les formes rappellent les "petites laines" de nos grand' mères.

— Quel est le thème qui semble le plus nouveau ?

— Sans doute **Sauvageonne**, difficile à décrire, d'ailleurs ! un thème où le dépouillement des formes contraste totalement avec la noblesse des matières employées. Une réussite, je crois !

Knitwear has bewildered the fashion of the 20th century

tells us Ghislaine Dubrulle, in charge of Carlin International's ladies knitwear book.

— Could we do without knitwear ?

— Honestly, I think that it would be impossible ! Can you imagine yourself without sweaters or t-shirts ? It's really the key to the 20th century's fashion, and we owe it to a great lady : Coco Chanel who, the first one in the 30s understood the importance of this fabulous material. I think one of the best for our way of living. As a matter of fact, women did plebiscite it, and one can now dress in knitwear night and day.

— Isn't there a "struggle of influence" between knitwear and ready to wear ?

— No, it's rather a marriage of interest. The small pieces are studied to be co-ordinated with the ready to wear. In return, knitwear is now independent for everything concerning dresses, co-ordinates, pants and the ready to wear uses sometimes the knitwear hits. Remember the woolen training pants or the silk t-shirts !

— Can knitwear be adapted to every style ?

— Yes, because more and more completely different interpretations will be found :

. ultra sophisticated, as it is the case for our **Scarlette** theme, very "of the 50s" with slim tops and plunge necks to be matched to very swingy skirts or tight fitting pants.

. extremely intricate in our **Olympie** theme, where short tunics, off-the-shoulder drapings remind us of the neo-classic style without forgetting the sporty touch recalling the famous "Games".

. or terribly romantic with a peasant look and this you will see in our theme **Payse** calling forth our granny's "small woolen pieces".

— Which is the theme that seems to be the newest ?

— Without any doubt, **Sauvageonne**, hard to describe. A theme where the simplicity of the shapes is opposite to the noble fabrics that are used. A success, I should say !

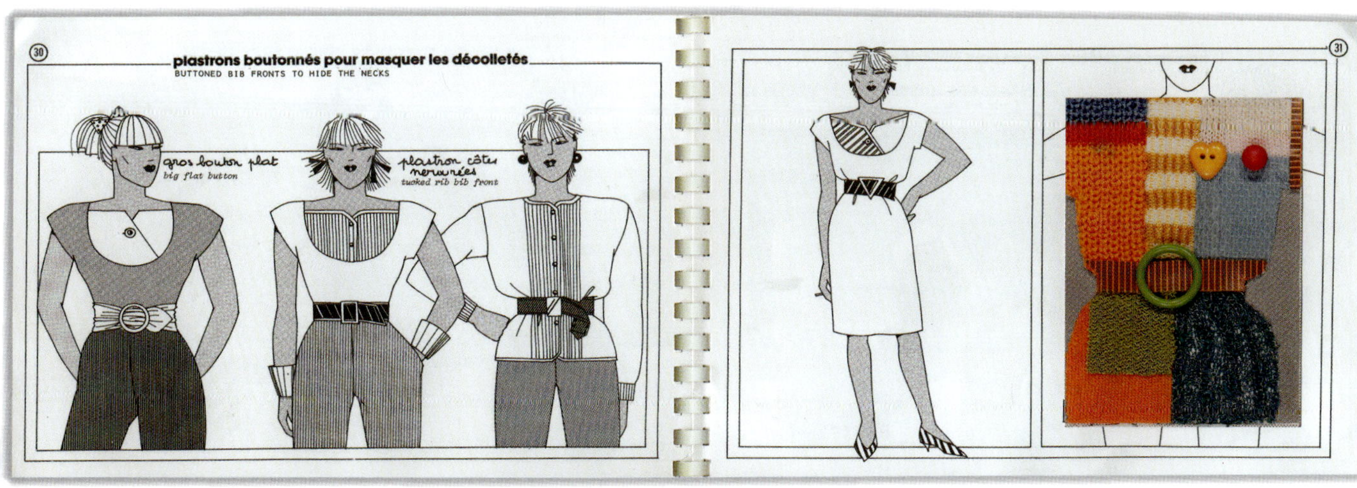

32 points forts

CREATION CARLIN

Fils / Yarns

Ici, on joue surtout, et avec plaisir, les effets de couleurs «spontanées». Des boutonnés, des tweedés aléatoires, et des jarres multicos animent et égaient des fils neutres.

Here, it is a pleasure to play mainly with «spontaneous» color effects. Nubs, random tweeds and multicolor kemps decorate and brighten up neutral yarns.

Carlin copyright 2002

Le contenu d'un cahier de tendances doit jouer le juste équilibre entre la force des images et la pertinence des propos, entre le trop bavard et l'inepte.

SHOPPING
Reproduction strictement interdite

SHOPPING
Reproduction strictement interdite

Matières / Fabrics

Les jacquards, les intarsias et les impressions sur maille ou sur tissage s'amusent à apporter une valeur ajoutée.
On va même jusqu'aux mélanges inattendus de techniques !

Jacquards, intarsias and prints on knits or weaves have fun providing added value.
This even goes as far as unexpected technique mixes!

DES COULEURS JETABLES

•

« Alors ? Quelle est la couleur de la saison ? » Les ménagères de moins de 50 ans (avant leur « suicide » programmé par les publicitaires à l'orée du troisième millénaire) se posent invariablement la question à l'entrée de chaque nouvelle saison. Ce sujet coloristique nourrit les conversations et alimente la presse féminine et de mode, thématique récurrente et immanquable pour amorcer le flot des tendances prometteuses. Longtemps c'est vrai, une ou deux couleurs dominaient, donnaient le ton. Une imposition qui permettait à tous les industriels d'être dans le même bain coloriel et donc d'être sûrs de vendre leurs productions.

« Si le rouge ou le bleu sont partout, dans toutes les vitrines, dans tous les linéaires, les consommateurs n'ont d'autre choix que d'acheter ces couleurs », se rassuraient-ils, convaincus du consensus alors en usage. Et plus encore, la ou les nouvelles teintes permettaient de démoder radicalement les précédentes. Cette rengaine trop convenue et trop systématique des couleurs jetables semble trouver un écho affaibli au fil du temps.

À la fin des années 1990, le Comité français de la couleur s'interroge sur la pertinence de ces changements artificiels tous les six mois. Les bureaux de tendances ayant pignon sur rue font de même. Ce rythme effréné alimente un système qui part en roue libre et s'accélère au nom d'une impatience grandissante de marchés obsédés par le renouvellement pour le renouvellement. Pour autant, les couleurs s'imposent d'elles-mêmes comme un vocabulaire

Une gamme de couleurs s'élabore au feeling *avant de se construire d'une manière plus rationnelle.*

FLORALIES
EDEN: Univers bleuté et verdoyant des plante
EDEN: A lush, blue-green world of w
COMITE FRANCAIS DE
AUTOMNE - HIVER
ASPHALTE
PLANETE

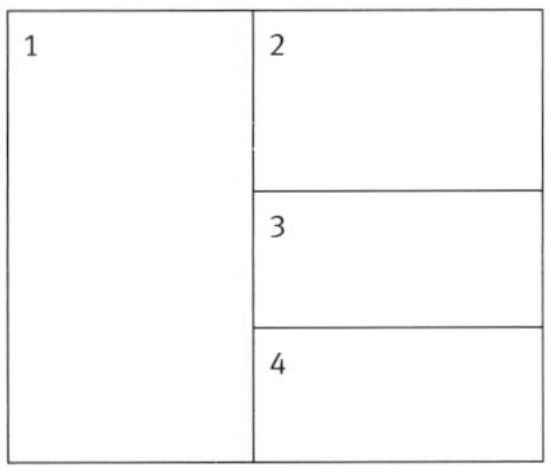

Dès le début des années 1960, le Comité français de la couleur a été un promoteur efficace pour inciter les industriels à renouveler les couleurs de leurs productions. Non sans mal…

dont il est difficile de se passer pour construire un texte fictionnel, elles sont l'étincelle qui jaillit dans notre œil et enflamme nos désirs. Désir d'acheter, désir de changer, désir de se laisser happer par des tonalités qui réveillent nos instincts et nos compulsions ! « Les couleurs ne sont pas anodines, bien au contraire. Elles véhiculent des codes, des tabous, des préjugés auxquels nous obéissons sans le savoir, elles possèdent des sens variés qui influencent profondément notre environnement, nos comportements, notre langage et notre imaginaire[25]. »

DES PALETTES STIMULANTES

« La gamme de couleurs est essentielle parce qu'il faut un point de départ aux histoires de mode, parce qu'il faut renouveler l'imagination et l'inspiration, décrit Nelly Rodi qui fonde son bureau de style en 1985. Surtout, ces gammes saisonnières sont un appui qui dépasse le cadre de l'habillement : les couleurs de la mode, où plus exactement les couleurs à la mode influencent la beauté, l'art de vivre, la décoration… Nous avons été précurseurs dans cette ouverture en créant des cahiers de tendances dédiés à ces univers. » Pour les professionnels des tendances, la formidable énergie des couleurs pose en effet les fondations des créations de produits, donne le tempo pour dynamiser les marchés : comme les enfants devant un cahier de coloriage, elle redessine le monde en un stimulant bariolage.

25. Michel Pastoureau, Dominique Simonnet, *Le Petit Livre des couleurs*, Éditions du Panamá, 2005.

« Deux fois par an, nous avons le même rituel : une palette commence à travers une verbalisation de la couleur, avec des mots et des images, des confrontations entre créatifs – une trentaine de personnes concernées chez nous –, un échange, un travail de scénario ; nous alimentons nos émergences et nos intuitions. Et après trois ou quatre mois de maturation, nous faisons naître des histoires de couleurs, décrit Edith Keller, ancienne de Promostyl et P-DG du bureau de style de Fred Carlin qu'elle a racheté en 1991. Le marketing vient ensuite valider ces intuitions sur le plan sociologique. C'est vraiment une alchimie puissante parce que déterminante. »

Tous les secteurs économiques sont désormais sensibilisés aux phénomènes des tendances et des couleurs, conscients de leurs rôles : l'agroalimentaire, le parfum, l'automobile, le packaging, l'informatique, le mobilier ou encore l'électronique et l'électroménager, domaines où l'on parle toujours de « produits bruns » pour nommer l'univers de la télévision, de la hi-fi... et de « produits blancs » pour qualifier les réfrigérateurs, les lave-linge..., mais qui ont plongé dans des bains de jouvence colorés. Jusqu'au noir, devenu la couleur du snobisme, après avoir longtemps traîné une réputation mortifère... « Le noir est passé d'un point de vue élitiste à un point de vue familier, relate Olivier Guillemin, président du Comité français de la couleur. C'est une tonalité qui a trouvé ses racines dans le spectre des couleurs, le noir est aujourd'hui une couleur parmi les autres, la teinte d'un moment, d'une envie, d'une certaine élégance... » Une familiarité qui a viré à l'élitisme : dans l'électroménager, les produits noirs sont vendus entre 20 et 40 % plus cher !

C'est tout le système de la tendance soutenu par les professionnels de la mode qui a permis cette familiarité avec le noir qui, d'une couleur austère, morbide et diabolique, est devenu une tonalité élégante et luxueuse. Si les instigateurs des tendances réussissent à nous faire voir le monde en noir et blanc, ils sont aussi débordés par des coloris qui leur échappent... « Ce noir envahissant est aussi un aveu de faiblesse du système, tempère Sylvie Maysonnave, experte indépendante en tendances de mode. Il y a vingt ans, la tendance du noir a été imposée à la rue parce que nous trouvions cela élégant. Résultat aujourd'hui, tout le monde veut du noir et ne désire plus en sortir ! » La couleur est un starter stimulant à condition de pouvoir la démoder...

Le « cercle magique des couleurs » à Première Vision, le salon mondial du tissu à Paris, où les professionnels confortent et valident leurs choix.

.Magical Circle.Magischer Kreis.Cerchio Magico

Les forums de tendances des salons professionnels, sont des outils indispensables, une concentration de compétences pour saisir et comprendre la réalité future des marchés.

	MATIERES				PRODUITS						
	lainages	cotons	soieries	mailles	chemise	robe	lingerie	sportswear	doublure	maison	passementerie
FEMME		●		●				●			
HOMME											
JUNIOR	●	●	●	●	●		●	●	●	●	●
ENFANT	●	●	●	●	●	●	●	●	●	●	●
BABY		●			●						

Les « faiseurs » de tendances sont avant tout des « lecteurs » de l'air du temps qui analysent, hiérarchisent des informations fusantes et les condensent pour prévoir un futur proche.

*Se fondre dans le décor
comme des caméléons
pour saisir l'indicible, l'invisible.*

LACOSTE

LE ROSE FAIT UN TABAC, LE JAUNE UN FLOP

•

« LORSQUE les couleurs descendent vers les individus, il y a un effet boule de neige : plus ils se les approprient, plus elles sont diffusées, plus elles sont visibles, plus elles sont à la mode. Sachant que nous avons constaté qu'une couleur a une durée de vie moyenne d'un an et demi », affirme Edith Keller. Et plus elles sont à la mode, plus elles se démodent par un effet de saturation.

Une durée de vie qui peut être plus courte. Comme les teintes fluo qui ont explosé dans le courant des années 1980. Une détonation salutaire par l'énergie que ces couleurs procuraient à cette époque en plein hiver, mais une apparition fugace (moins de huit mois) tant elles électrisaient le regard et fatiguaient l'œil. Une saturation rapide qui oblige à la retraite visuelle pour échapper à une forme d'agression, une saturation éclair qui s'accélère quand tout le monde ou presque s'entiche d'une couleur, d'une tendance.

Une durée de vie qui peut être plus longue aussi. À l'image du rose, couleur aux connotations « fifille et layette » dans la conscience collective. « Le rose n'est pas une couleur qui dure, c'est une couleur fragile et éphémère, comme celle des fleurs, une couleur trompeuse qui passe vite. Une couleur indécise, incertaine, diffuse, insidieuse dans ses variations, une couleur qui se dérobe et s'altère[26]. » Et pourtant…

Les couleurs de notre environnement changent régulièrement sous l'impulsion des stylistes, mais certaines résistent à cette logique de changement forcé.

26. Annie Mollard-Desfour, « Le rose », *Le Dictionnaire des mots et expressions de couleur*, CNRS Éditions, 2002.

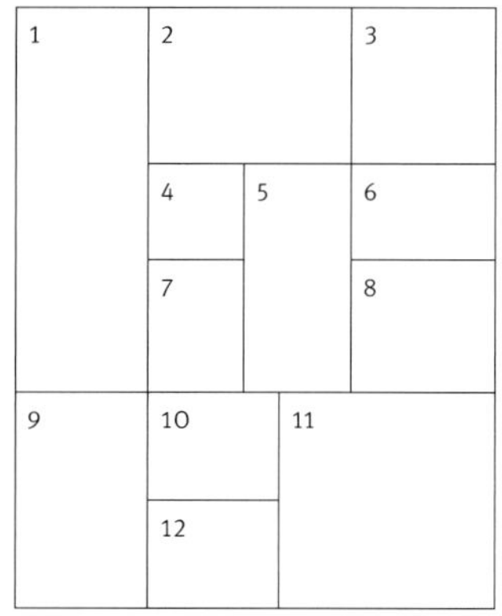

Le rose, couleur tabou, couleur de fille, couleur chargée de sens, devenue une teinte aussi éternelle et « solide » que le blanc ou le noir.

Ce rose si connoté reste la couleur de prédilection des petites filles, une teinte mièvre, ordinaire même, comme le fameux rose Barbie, un rose plastique et factice synonyme d'une mondialisation obscène. Jusqu'en 1999 où le mauve (qui appartient au cercle chromatique du rose) émerge et surprend tous les spécialistes des tendances. Une couleur – une demi-couleur ! disent même certains – qui exprime la mélancolie peu attractive du demi-deuil. Un passage mortuaire symbolique qui évoquerait le franchissement du nouveau millénaire : ainsi, le monde voudrait faire le deuil du passé, une analyse *a posteriori* mais tout à fait plausible.

« Après cette attraction inattendue du mauve, nous avons vu émerger des déclinaisons de rose fané, de violine, de rose gourmand… indique Edith Keller. Jusqu'à une explosion festive de tonalités pimpantes, de roses pétillants comme un feu d'artifice pour fêter le nouveau siècle. »

Symbole de régénération, la couleur rose marque le début d'un nouveau cycle, consacre une forme d'initiation à la vie. Le nouveau millénaire auquel tout le monde veut croire est alors ripoliné en rose. Un emballement planétaire qui ne sera même pas noirci par le drame du 11 septembre 2001. Malgré la dureté des temps, ou plutôt à cause de la violence d'un monde terrorisé, le rose perdure, comme une médication placebo prescrite par la tendance « *happy attitude* » qui invite au bonheur forcé. La nostalgie des années pop, période de critique de la société, de gaieté, d'exubérance, de liberté, plonge dans une envie de rose, pour ne plus voir la vie en noir. Un coloriage qui a l'air spontané et s'accélère encore avec la vague kitsch « Bollywood » téléguidée par l'Inde multicolore qui chahute les dépressions des Occidentaux vieillissants.

UN SYSTÈME FAILLIBLE

« Le succès de ce rose sur le long terme correspond aussi à une macrotendance de féminisation, de séduction, le rose est une couleur d'appel, de réveil des sens, de référence à la douceur, à la gourmandise, ajoute Edith Keller. Ce n'est donc pas un hasard que cette unanimité sur le rose se retrouve dans tous les secteurs de la consommation : la mode, les cosmétiques, les parfums, l'alimentaire, la décoration, l'électroménager,

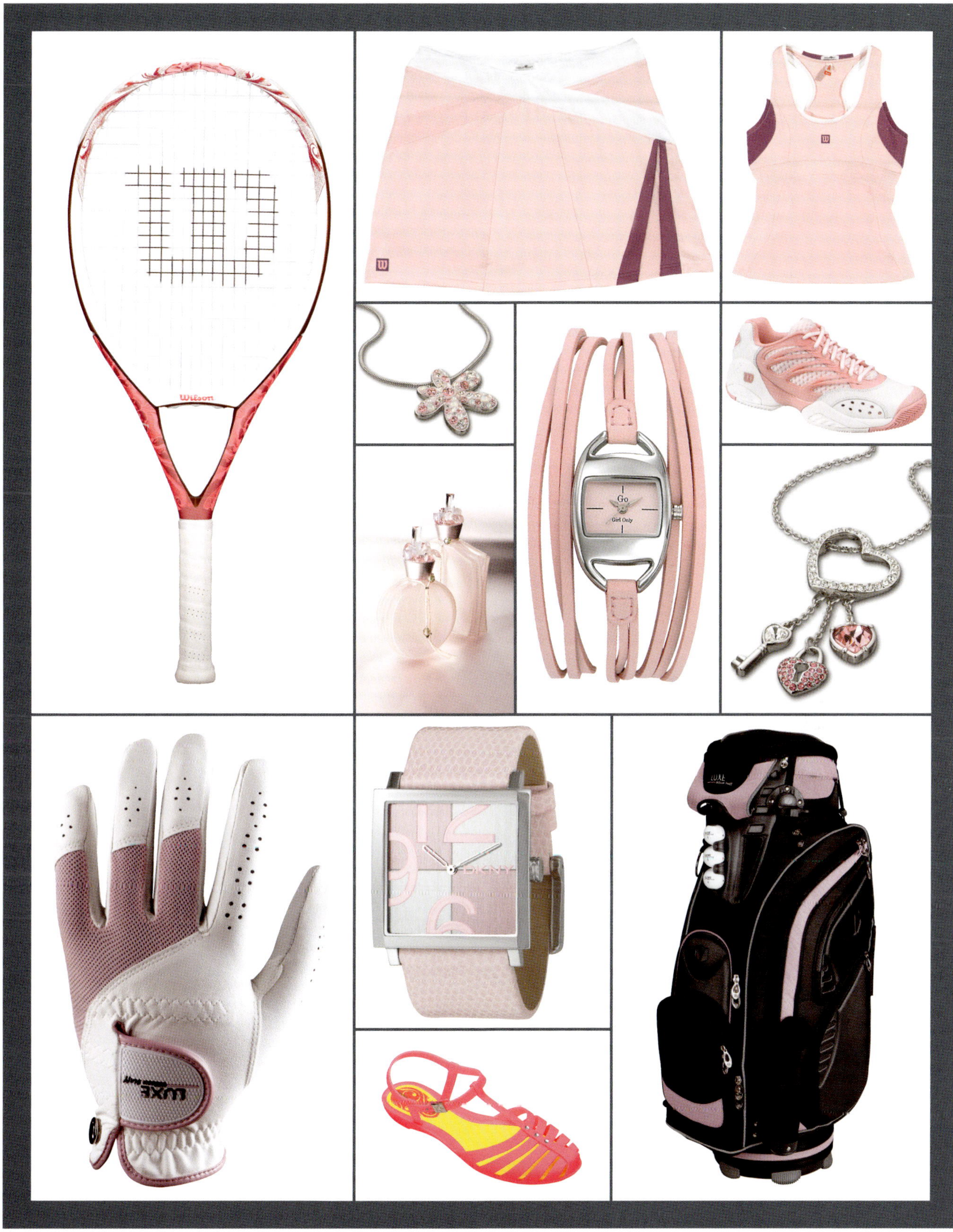
Wilson
Go
Girl Only
DKNY

la publicité… » Même le vestiaire masculin si conventionnel adopte quelques roses, pourtant si tabous ! L'émancipation des gays et leurs avatars, les métrosexuels, est passée par là…

Pour autant, si le décryptage des tendances est une science, il n'est pas une science exacte. Et les attaques ne manquent jamais de pleuvoir quand les prévisions s'avèrent mauvaises.

Le 30 septembre 1994, *Libération* titre : « L'échec des Nostradamus ès tendances, qui voyaient l'été 1994 en jaune. » Le ton est donné. Marion Guilbert, styliste qui travaille pour des grands filateurs européens et membre du Comité français de la couleur, avoue que cette saison aura été le « plus gros plantage depuis dix ou vingt ans. Nous avions unanimement programmé les jaunes. Les gens vont si mal : le jaune est une couleur bénéfique. Nous avions la volonté de délivrer un message optimiste : le rayonnement des jaunes. Mais l'écru a tout submergé. »

L'article tente de dénouer l'affaire en reprenant toute la chronologie des événements : de juin 1992, date de la première réunion du Comité français de la couleur, aux différentes concertations internationales qui aboutissent à une « déferlante » de coloris naturels en lieu et place des jaunes favorisés par les visionnaires. Un dérapage incompréhensible face à une machine que chacun croyait bien huilée. À qui la faute ? Les tisseurs trop timorés sont accusés de la dérive, puis tour à tour, les fabricants de prêt-à-porter toujours enclins à des putschs pour marquer leur territoire de création, les distributeurs jugés peu sensibles à l'audace et même les magazines de mode soucieux d'indépendance qui n'ont pas joué le jeu des jaunes : les traîtres !

En réalité, les spécialistes de la tendance reconnaissent en conclave que « les concertations à outrance conduisent à l'uniformité », ce qui ne semble pas « en phase avec une société de demandes plurielles, éclatées ». Dans un monde où « chaque individu influence la mode et est simultanément influencé par elle[27] », dans un monde toujours plus globalisé qui réveille *de facto* des instincts identitaires parfois violents, les découvreurs de tendances doivent trouver la mesure entre uniformisation et distinction, entre marché de masse et individuation : la quadrature du cercle pour un métier qui doit parler au plus grand nombre et doit démoder de plus en plus vite pour alimenter la machine à consommer !

27. Guillaume Erner, *op. cit.*

Les tendances décryptées entre dix-huit et vingt-quatre mois à l'avance peuvent quelquefois échapper à l'acuité des stylistes. Et heureusement !

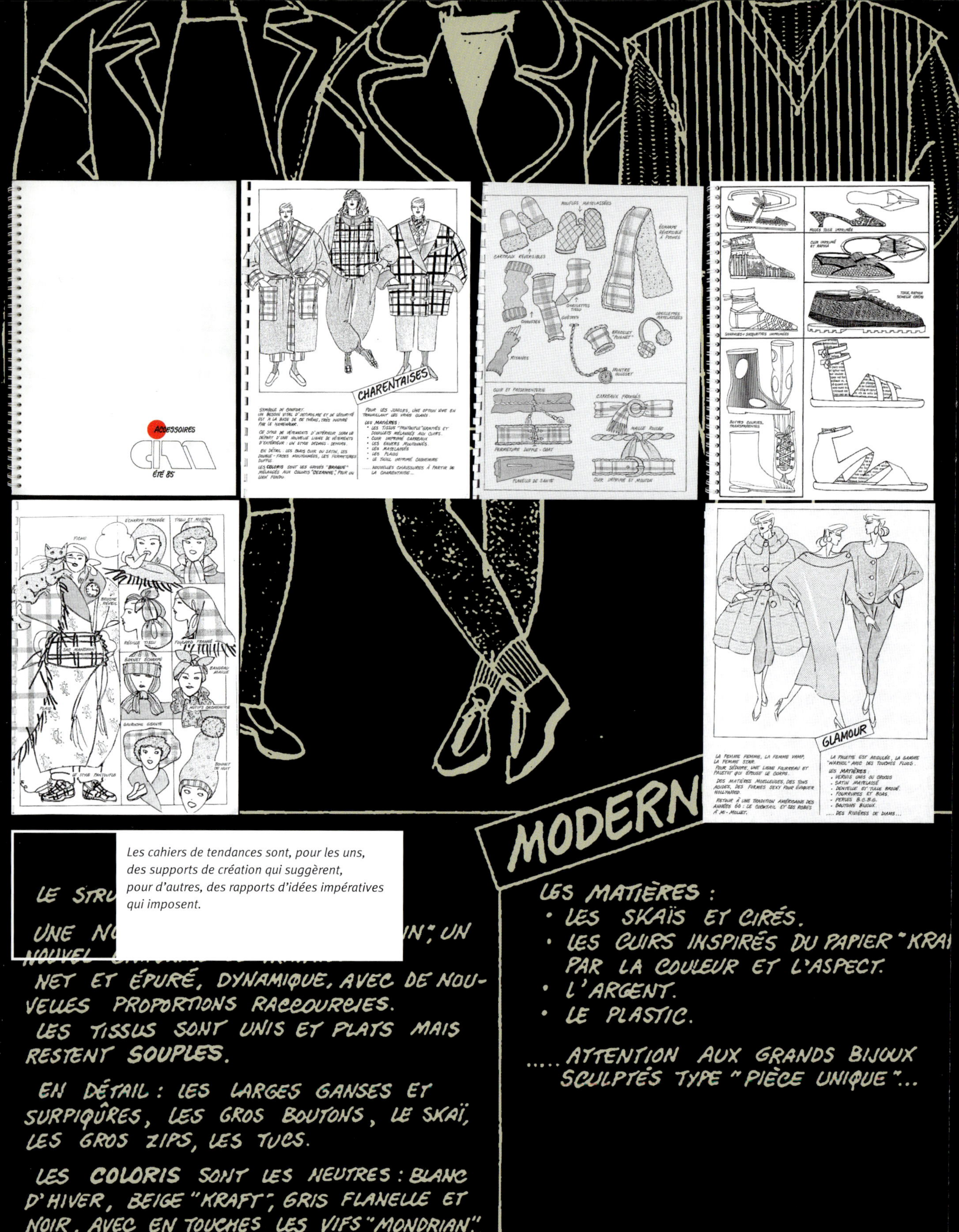

Les cahiers de tendances sont, pour les uns, des supports de création qui suggèrent, pour d'autres, des rapports d'idées impératives qui imposent.

Les couleurs sont incontestablement le médium privilégié des stylistes, des designers et des producteurs pour proposer de nouvelles impulsions créatives.

LA GRANDE INTERNATIONALE DES COULEURS

« LE FAIT de révéler une tendance, de la faire émerger, lui donne une existence, donc une tendance est toujours un phénomène artificiel parce que provoqué ! » Les opposants au système n'en démordent pas : « Où commence la réalité et où finit la manipulation ? » dénoncent-ils en brandissant encore et toujours le monopole des « faiseurs d'influences » et des professionnels du marketing qui font de leur science appliquée un « instrument du contrôle social[28] ».

Il est vrai qu'un phénomène de mode, quel qu'il soit, n'existe que s'il est suivi par le plus grand nombre ; une tendance que personne ne remarque n'a aucun sens, n'a aucune existence, elle est mort-née. Donc pour en garantir la plus large diffusion, il est évident qu'il faut amplement la publiciser, la promouvoir par tous les moyens « pour conduire les troupeaux de moutons au sommet de la montagne et les précipiter dans le vide ! » brament les contradicteurs un peu trop rapidement, car ils oublient les mutins…

Reste que les spécialistes des tendances ne créent pas les mouvements, ils ne font que les repérer, ils ne font que prévoir le prévisible. « Aujourd'hui, le bureau de tendances est devenu un filtre, un catalyseur, alors qu'hier, c'est vrai, il était un initiateur, reconnaît Edith Keller. Nous ne lançons plus les tendances, nous faisons une lecture de l'air du temps que nous retranscrivons, rien de plus. » « Toutes les grandes entreprises internationales achètent nos cahiers de

Les « couleurs du temps » définies par les « traqueurs de tendances » traversent sans exclusive tous les fuseaux horaires.

28. Gilles Deleuze, *Pourparlers*, Éditions de Minuit, 2003.

FUMEES

AUSTERITE
RUDE

Mr PRESSBURGER

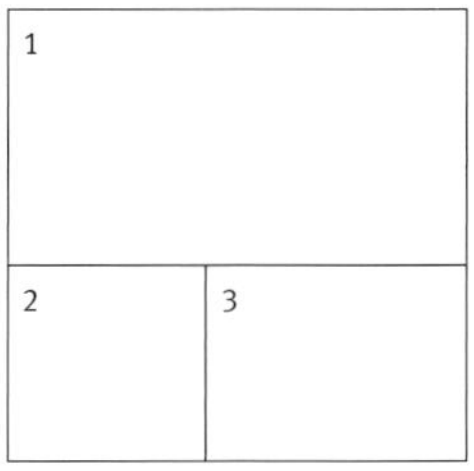

Les professionnels de la tendance s'immergent dans le même bain d'influences et se confrontent dans des concertations internationales pour valider leurs intuitions.

tendances parce qu'elles recherchent un point de vue : notre point de vue. Ce sont des fenêtres ouvertes sur le monde qui donnent à voir ce qu'elles ne voient pas, trop concentrées sur leur métier, développe Nelly Rodi. Notre regard n'a pas pour but d'aplanir, d'uniformiser, mais au contraire de donner du relief, de révéler des aspérités sociales, culturelles, économiques… qui font sens. » Une nuance sensible que n'acceptent guère les adversaires d'un système mondialisé qui prône un consensus bien compris pour éviter les interférences.

UNE VISION MONDIALE

L'inconvénient de ces anticipations globalisées serait l'uniformisation des modes de vie, la standardisation des modèles, un appauvrissement culturel porté par un système qui abolit les frontières réelles et symboliques. « Autrefois, l'émergence des singularités donnait des pistes pour l'avenir. Aujourd'hui, c'est la similarité. Le "bon goût international" est identique à Tokyo, New York, Paris, Londres, Milan, Barcelone. […] c'est l'écrasement des reconnaissances, l'absence de dynamique, de projection [29]. » Il est vrai que depuis 1976, les grands pros de la prospective planétaire se retrouvent deux fois par an dans des « réunions de consensus », dans le cadre de Première Vision, le salon mondial du tissu pour l'habillement qui a lieu à Paris et inspire très largement les tendances, ou au sein de la commission Intercolor, l'International Study Commission for Textile and Fashion Color.

Créée à l'initiative de la France, la Suisse et le Japon, la commission Intercolor a pour vocation d'échanger des compétences et des sensibilités de professionnels du monde entier. Fred Carlin et ses confrères italien Milo E. Legnazi et japonais Yasuo Inamura évoquent l'idée d'une commission de travail et de réflexion autour

29. Arlette Barré-Despont in *La Lettre du Comité français de la couleur*, février 2000.

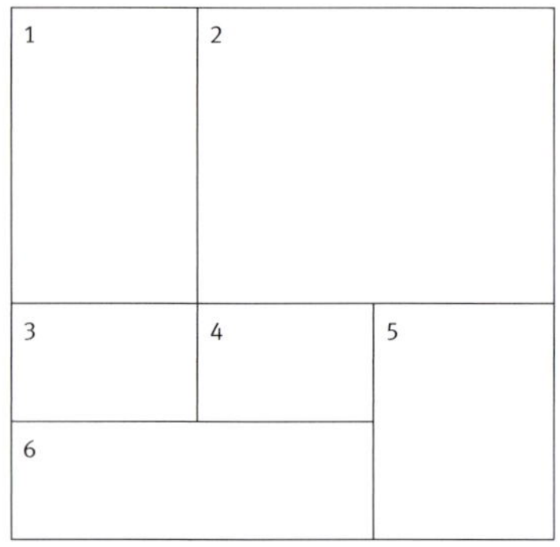

La mise au point des gammes de couleurs saisonnières internationales – dans le cadre d'Intercolor – est l'occasion d'échanges de sensibilités entre différents pays.

de la couleur ; ils se réunissent le 9 septembre 1963 à Paris pour dessiner les contours d'une association internationale de la couleur. Les premiers meetings rassemblent neuf pays, représentants officiels des organisations de la couleur, ils seront plus de vingt-cinq au plus fort des années 1980. Aujourd'hui, Intercolor en accueille une quinzaine.

Deux fois par an, les membres se retrouvent dans un pays invitant et différent pour exposer leurs évolutions coloristiques, leurs tendances et leurs sensibilités en vue de préparer une gamme chromatique générale et mondiale. Mais le plus significatif et le plus enrichissant pour la couleur, ce sont bien sûr les échanges de points de vue entre les membres réunis autour d'un objectif commun : non pas imposer des couleurs internationalisées, mais partager des informations et des compétences pour faire progresser la couleur au niveau international. Ces meetings à huis clos n'ont pas pour but de lisser les tendances d'un bout à l'autre de la planète, mais de valider les pistes proposées par des analystes qui respirent le même air du temps, immergés dans les mêmes eaux socioculturelles, et donc qui donnent à voir la même réalité, avec des différences sensibles. La planète est désormais un village…

Les salons professionnels comme Première Vision pour la mode ou Maison & Objet pour la décoration et le design sont aussi un lieu d'influences et de croisements des tendances.

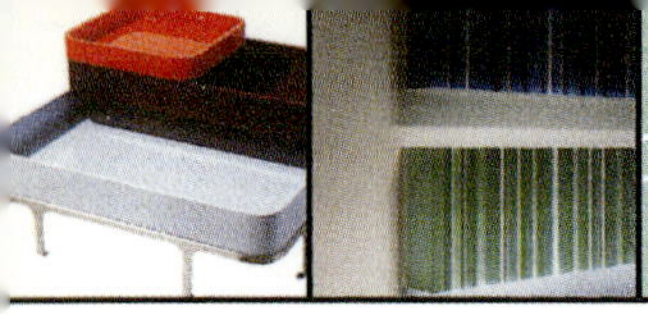

19 WORKING-LIVING

Le secteur de la maison a plongé dans le bain des couleurs à la mode et reflète les tendances du moment.

Formes en cubes ronds et carrés pour un mobilier à l'esprit ludique et étudié. Sur les surfaces murales, aplats de couleurs primaires unies et associations colorées, effets répétés de bandes et de rayures dans les pièces à vivre. En matière vedette, le plastique transparent coloré et ses dérivés pour des objets aux formes pré-moulées. Rangements faciles et pratiques, petits produits attractifs pour une cible plus jeune, très attirée par la couleur.

Cube, round and square shapes for fun, carefully designed furniture. Wall surfaces with solid primary color blocking and colorful combinations, repeating band and stripe effects in living areas. Star material: see-through colored plastic and its by-products for objects with pre-molded shapes. Easy and practical storage space, attractive little items for a younger target, highly attracted to color.

AT&T

AMITCO

LE TEMPO DES TENDANCES

●

ON NE LE RÉPÉTERA jamais assez, les tendances n'ont d'existence que si elles sont largement diffusées, que si elles participent à la socialisation des individus dans un jeu d'influences réciproques des uns sur les autres. Les tendances sont toujours dans cette dynamique de socialisation, « là où il y a action réciproque de plusieurs individus[30] ». Espace (ou espèce ?) de distinction, elles mettent en œuvre la vanité, le besoin de différenciation, la démonstration de la puissance, une « accentuation du réel par l'individu[31] », une manière de pimenter l'existence…

Pendant des siècles, cette accentuation a été modelée avec plus ou moins de lenteur et de bonheur par le pouvoir dictatorial des dominants. Jusqu'au tournant des années 1960 où la pyramide sociale se disloque, où la production de masse apporte les joies de la consommation à tous : « de ce fait, chaque classe sociale a la possibilité d'adopter ou de rejeter une idée nouvelle, en même temps que les autres classes sociales[32] ». Pour faire court, riches et moins riches vivent aux mêmes rythmes, peuvent consommer des produits analogues même dans une imitation approximative : chacun ressemble à tout le monde. Les « signes extérieurs du milieu social » comme l'habillement, l'alimentation ou le mode de vie quotidienne ne sont plus des marqueurs forts entre les classes sociales.

Pour renouveler l'engouement des consommateurs, le système des tendances accélère ses rythmes.

30. Georg Simmel, *Sociologie*, PUF, 1999.
31. Georg Simmel, *La Philosophie de l'argent*, PUF, 1987.
32. Patrick Hetzel in *Dictionnaire du marketing*, Hatier, 1998.

ST.GALL SUISSE
GALL SUISSE

CARLIN
INTERNATIONAL
jeux

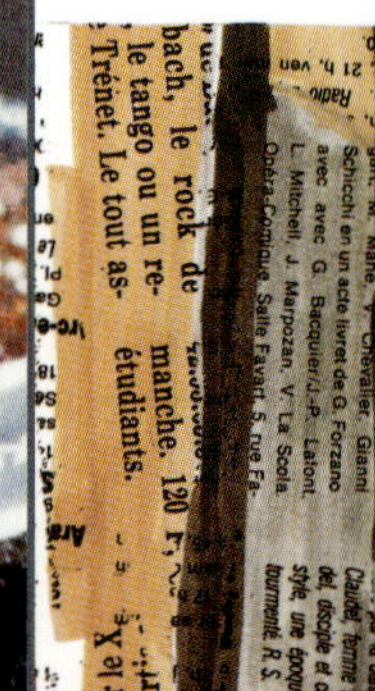
bach, le rock de
le tango ou un re-
Trénet. Le tout as-
manche. 120 F
étudiants.

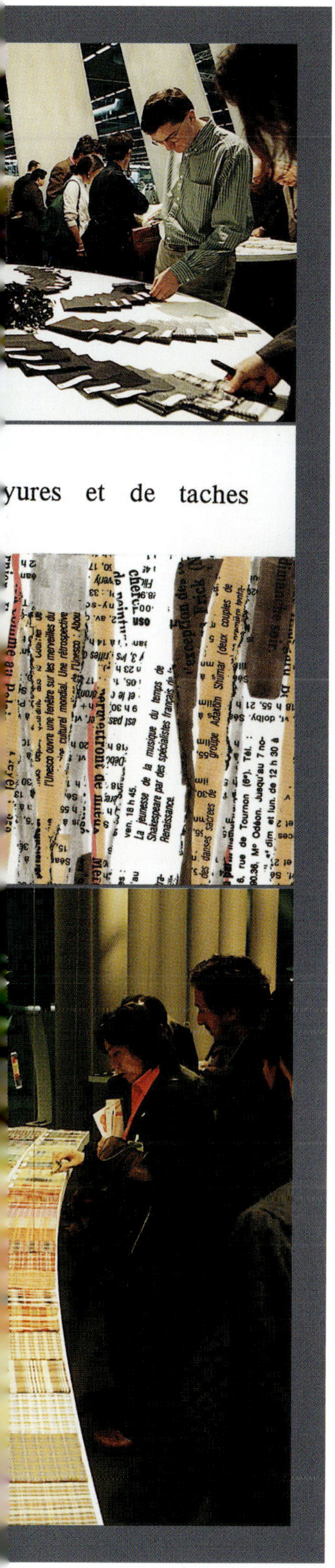

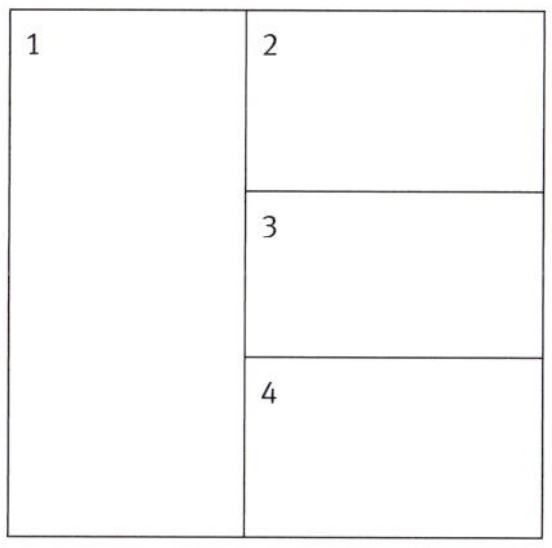

Pour les professionnels, l'important est de capter le bon tempo pour être dans le mouvement tout en ayant une longueur d'avance.

Désormais, le logement « est le poste qui différencie le plus nettement les ménages en fonction de leur revenu[33] ».

DES CADENCES À TROIS TEMPS

Le système intuitif puis analytique des tendances enfanté par la société de consommation a favorisé l'accession de tous aux effets de mode, mais la modélisation qu'elles engendrent s'inscrit dans une mécanique rythmée par le temps, forgée par l'effet qu'elles impriment sur les individus avec plus ou moins de puissance. La majorité des personnes sont des suiveurs qui n'ont pas l'esprit d'avant-garde mais intègrent bon an mal an les innovations sans trop se poser de questions ; une frange supérieure rassemble des « primo-adopteurs » très friands des dernières tendances, toujours soucieux d'être en avance sur leur temps, tandis qu'une frange inférieure totalement réfractaire au système les rejette ou les ignore.

Pour autant, une tendance suit sa propre trajectoire, elle a un rythme et une profondeur, elle s'observe autant à l'horizontale dans le temps qu'à la verticale dans la manière dont elle transforme la société. Le rythme définit sa durée de vie et la profondeur reflète son degré de superficialité, l'un et l'autre structurant la consommation.

Trois rythmes (on parle aussi de cycles) dominent : le court terme, le moyen terme et le long terme. Une tendance à court terme, dite de surface, s'évanouit au bout de six à huit mois en moyenne ; une tendance à moyen terme, dite d'écume, peut étirer son existence jusqu'à deux ou trois ans ; une tendance à long terme, dite de profondeur, bénéficie de la meilleure espérance

33. Insee in *Le Monde*, 12 février 2008.

de vie allant entre cinq et dix ans – voire quelquefois plus pour les plus tenaces !

Cette métaphore avec l'univers océanographique répond à la nature même des tendances qui ne sont jamais inertes, toujours dans le mouvement, poussées par le flux et le reflux de la consommation, bousculées par la houle de la société.

Pour arbitraires que soient ces durées, elles permettent de nourrir l'appétit de consommation bien compris par les marchés et par les marchands asservis aux techniques éprouvées du marketing de l'appétence. Faire saliver les individus jusqu'à ce qu'ils se jettent dans la « grande bleue » de la consommation, tel est l'aiguillon des producteurs de biens et de leurs « affidés », les faiseurs de tendances. Ces rythmes bien scandés facilitent aussi leur travail : la nécessité de trier et de classer les informations est primordiale pour y voir clair dans le magma des mouvements sociétaux et des effets de mode.

Mais comme si cela ne suffisait pas, il existe depuis une dizaine d'années, des tendances « flash » initiées par des grandes entreprises de mode comme H&M, Zara, Mango, Promod, Etam… et bien d'autres, qui proposent de courtes lignes de produits toutes les trois semaines dans leurs magasins ! L'objectif est de satisfaire l'instabilité et l'irrationalité des consommateurs par le biais de tendances très éphémères qui stimulent le désir, l'impulsion d'achat, l'appétit jamais assouvi des boulimiques du shopping. Une vague ininterrompue de nouveautés pour le paraître, l'irrésistible séduction de l'être qui s'adonne au shopping si emblématique de notre société de consommation dispendieuse et futile. Si un magasin vous propose des produits similaires pendant six mois ou plus, vous ne vous y rendrez pas plusieurs fois ; en revanche, si vous savez pouvoir y trouver des nouveautés « en flots continus » ou presque, vous serez tenté d'y aller plus fréquemment et donc d'acheter plus souvent.

Le terme de « flash » n'est évidemment pas dû au hasard, il a été emprunté à l'anglais (*flash* veut dire éclair) mais surtout à l'univers des drogués où le flash est un spasme violent et très bref qui galvanise l'esprit et augmente la dépendance. Une tendance « flash » ne dit pas autre chose quand il s'agit de créer de l'addiction, d'encourager la fièvre acheteuse. Avec un bémol quand même, l'overdose de shopping ne tue pas !

Éphémères à plus ou moins long terme, les tendances jouent la durabilité contrôlée.

Déchiffrer, analyser, définir, les « gourous » tracent les contours des tendances en suivant leur « flair ».

1 2 3

*Comprendre, saisir, sentir,
les professionnels
puisent dans les influences
discontinues pour
nourrir leurs propres intuitions.*

PRÊT A PORTER
CANTERO
READY TO WEAR

CLAPOTIS ET FRISELIS

●

La tendance de surface sur laquelle s'accroche la majorité des cahiers édités par les bureaux de tendances a été initiée par la mode. Et l'est encore très largement. Deux fois par an, les collections printemps-été et automne-hiver invitent à un changement de style. Un mouvement totalement artificiel qui ne répond à aucune logique sinon celle d'inviter les consommateurs à changer leur garde-robe tous les six mois ! C'est la raison pour laquelle il y a des couleurs de la saison, des formes (boule, boîte, triangle…) à la mode, des longueurs de jupes, des pantalons amples ou effilés, une pléthore d'accessoires ou au contraire une silhouette minimaliste, dépouillée, des imprimés ou des unis… La mode est versatile mais habile à suggérer le démodé pour contraindre tout un chacun à se mettre à la page.

GLISSER EN SURFACE

Cette frénésie touche désormais d'autres secteurs de production quand il s'agit de motiver les individus zappeurs à adopter de nouveaux standards ou simplement à acheter des produits toujours plus sophistiqués dont ils n'ont pas besoin. C'est le cas de l'électronique – téléphones portables ou ordinateurs –, où les prouesses technologiques se démodent par la seule force d'une concurrence acérée entre les acteurs qui lancent des salves d'innovations souvent discutables, mais tellement « tendances » quand elles sont bien marketées ! Ce n'est pas un hasard d'ailleurs si les

Le secteur du textile et de l'habillement est au cœur des tendances saisonnières, mais d'autres domaines plongent désormais dans la frénésie.

La mode surfe de plus en plus sur des influences en flux tendus pour dynamiser la consommation.

fabricants de téléphones comme Nokia, Motorola et d'autres s'associent à des marques de mode – Prada, Levi's, D&G, Rip Curl, Airness, Hello Kitty... – pour créer des mobiles « à la mode » (« *fashion* » disent les spécialistes) donc rapidement « démodables »...

Le secteur du parfum, hier industrie lourde et lente, aujourd'hui producteur d'éphémère, est lui aussi gagné par le spasme créatif : les marques multiplient les séries limitées, eaux saisonnières ou fragrances temporelles, pour relancer l'intérêt des consommateurs et surtout pour s'inscrire dans le rythme de l'impulsion. La marque de mode Escada a été l'initiatrice en 1993 de ce « concept des éditions limitées saisonnières », suivie par nombre d'autres labels du luxe et de la mode. Depuis, chaque été, elle propose un nouveau « jus collector » ; le seizième, baptisé Moon Sparkle et sorti en 2008, témoigne de la validité de cette démarche de parfums temporaires.

Une exposition culturelle amplement médiatisée ou un film sont aussi le prétexte idéal à une tendance de surface. Ainsi, en 2006, *Marie-Antoinette*, le film de Sofia Coppola, a créé un bref « mouvement baroque et sucré » où les maquillages pastel mièvres le disputaient aux orgies de macarons fuchsia et rose bonbon et aux dégoulinades de froufrous vaporeux. Malgré des anachronismes mais grâce à un point de vue contemporain, le film de Coppola a apporté un trait de fraîcheur et d'optimisme par une relecture de l'histoire, et par ricochet, une tendance « coup d'éclat » légère et saugrenue.

La tendance de surface, appelée aussi microtendance par son très faible enjeu, est le domaine de l'expression de l'apparence ; fugace et faussement instantanée, elle a le devoir de mourir jeune. Sa surexposition la condamne d'avance à la ringardise, balayée par une autre influence plus vivifiante.

Les cahiers de tendances ont une durée de vie de six mois au maximum, ou un an pour ceux qui sont destinés à la décoration.

Discrétion

7 Incognito

8 Orangé

9 Bois de rose

6 Opaline

10 Taupe

11 Violette

12 Azuré

2 Givre

AMBIANCE : c'est un grand courant de ***romantisme*** qu'évoque ce thème. La beauté féminine, célébrée par sa fragilité, est suggérée par des matières délicates qui contrastent avec le chic sobre du **look masculin au quotidien.**

LES COULEURS : **coloris délicats** en demi-teintes et neutres colorés. Importance des tons poudrés, bois de rose et marron glacé.

LES MATIÈRES : matières discrètes et raffinées. En vedette: **le mohair**, la chenille, **les bases des tissus masculins** chevrons et rayures discrètes, velours cotelés et mini-bouclettes.

LES FORMES : maxi-manteau, cache poussière, et manteau chemise, l'esprit des vestes cardigans, les robes fluides, **en vedette : les costumes d'homme revisités.**

FOCUS : romantisme et esprit dandy.

*MOOD: a great wave of romanticism is conjured up by this trend. Celebrated for its fragility, female beauty is suggested through delicate fabrics which contrast with the understated chic of **everyday masculine looks.***

*COLORS: **delicate hues** in half-tones and colored neutrals. The importance of powdered tones, rosewood and marron glacé.*

*FABRICS: discreet and refined fabrics. Starring: **mohair**, chenille, **basic masculine fabrics,** herringbone and discreet stripes, corduroy and mini-bouclettes.*

*SHAPES: maxi-coats, duster coats and shirt-coats, the cardigan-jacket style, fluid dresses, **star: men's suits revisited.***

***FOCUS:** romanticism and the dandy spirit.*

Discretion

SPACE MAN

Inspiration futuriste des héros des bandes dessinées et des tenues de motards.
Des vêtements à concevoir dans des matières techniques (extensibles, enduits).
Combinaisons près du corps avec des détails de renforts surpiqués. Vestes longues ceinturées et entièrement zippées.
Blousons à ceinture haute en élastique, à fermetures métalliques.
Nombreuses découpes et apports de stretch.
Importance des aspects métallisés.

Futurist inspiration coming from the heroes of comic strips and the outfits of motorcyclists.
Clothing to be realized in technical materials (stretch, coated).
Body-hugging jumpsuits with details of topstitched pads. Long belted and zipped-down jackets. Bomber jackets with high elastic waist and metallic fastenings.
Many cutouts and added stretch interest.
Importance of metallized aspects.

CARLIN INTERNATIONAL PARIS

Les bureaux de style s'adaptent aux nouveaux enjeux de la consommation en multipliant les outils spécifiques à chaque marché : ils produisent entre quinze et vingt-cinq cahiers de tendances par saison.

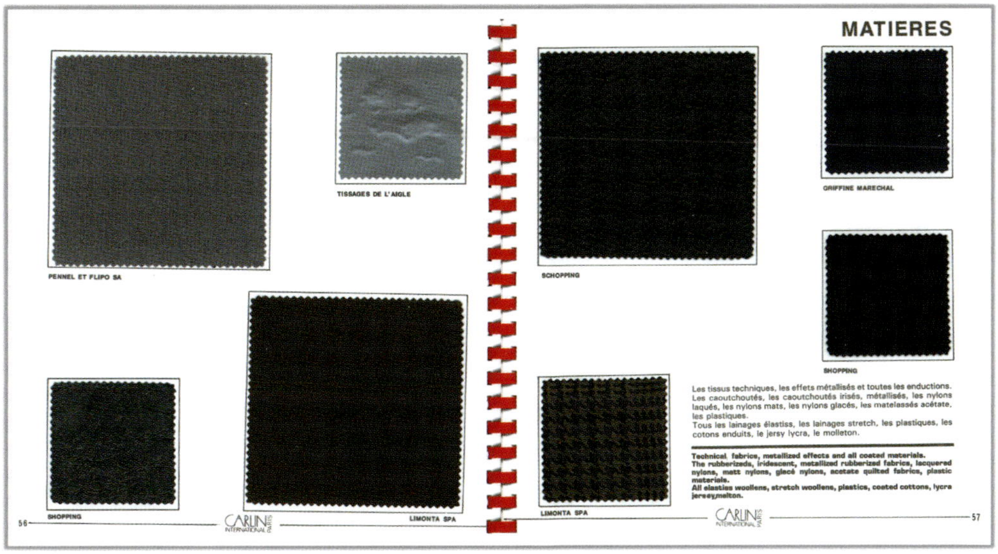

MATIERES

PENNEL ET FLIPO SA

TISSAGES DE L'AIGLE

SHOPPING

LIMONTA SPA

SCHOPPING

GRIFFINE MARECHAL

SHOPPING

LIMONTA SPA

Les tissus techniques, les effets métallisés et toutes les enductions. Les caoutchoutés, les caoutchoutés irisés, métallisés, les nylons laqués, les nylons mats, les nylons glacés, les matelassés acétate, les plastiques.
Tous les lainages élastiss, les lainages stretch, les plastiques, les cotons enduits, le jersy lycra, le molleton.

Technical fabrics, metallized effects and all coated materials.
The rubberizeds, iridescent, metallized rubberized fabrics, lacquered nylons, matt nylons, glacé nylons, acetate quilted fabrics, plastic materials.
All elasties woollens, stretch woollens, plastics, coated cottons, lycra jersey,melton.

SPACE MAN

LE LOOK

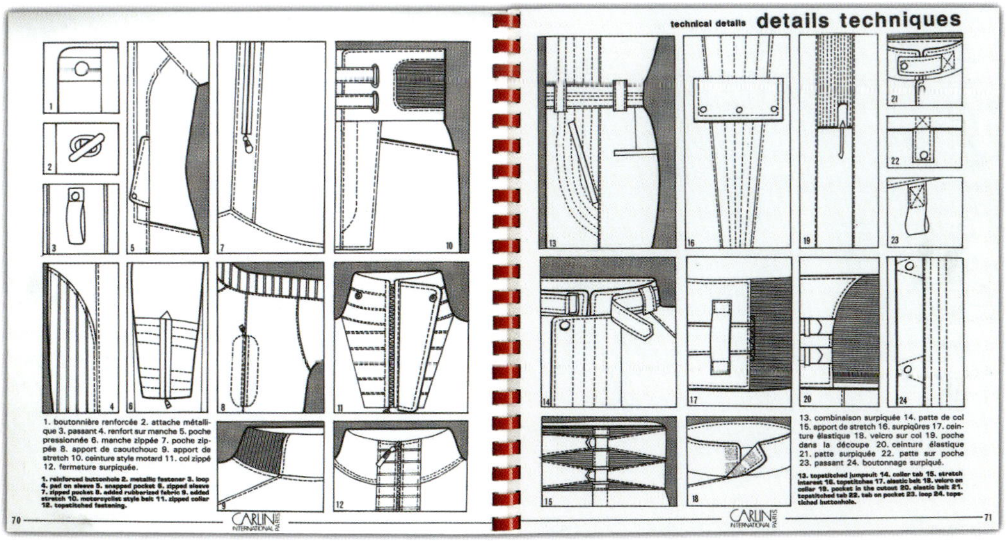

technical details **details techniques**

1. boutonnière renforcée 2. attache métallique 3. passant 4. renfort sur manche 5. poche pressionnée 6. manche zippée 7. poche zippée 8. apport de caoutchouc 9. apport de stretch 10. ceinture style motard 11. col zippé 12. fermeture surpiquée.

1. reinforced buttonhole 2. metallic festener 3. loop 4. pad on sleeve 5. snapped pocket 6. zipped sleeve 7. zipped pocket 8. added rubberized fabric 9. added stretch 10. motorcyclist style belt 11. zipped collar 12. topstitched festening.

13. combinaison surpiquée 14. patte de col 15. apport de stretch 16. surpiqûres 17. ceinture élastique 18. velcro sur col 19. poche dans la découpe 20. ceinture élastique 21. patte surpiquée 22. patte sur poche 23. passant 24. boutonnage surpiqué.

13. topstitched jumpsuit 14. collar tab 15. stretch interest 16. topstitches 17. elastic belt 18. velcro on collar 19. pocket in the cutout 20. elastic belt 21. topstitched tab 22. tab on pocket 23. loop 24. topstiched buttonhole.

Créateurs, professionnels du marketing ou chefs de produits puisent dans la logique des tendances pour nourrir leurs réflexions, articuler leurs créations.

AGATHA

L'ÉCUME DES SENS

La tendance d'écume est la plus délicate à faire émerger. Bouillonnante par nature, elle laisse accroire qu'elle a la légèreté de l'instant alors qu'elle se place sur le domaine du marketing sociologique. Entendez par là qu'elle répond à une réalité plus profonde en pataugeant dans les méandres des évolutions de mentalités et des comportements de consommation. Évolutions qu'il s'agit d'anticiper « ni trop tôt, ni trop tard ».

La tendance d'écume touche aux sens et a du sens, elle structure les envies des consommateurs. Elle se déploie dans un crescendo plus ou moins rapide et irrigue en général tous les secteurs de la consommation par un effet de porosité et de ruissellement.

SAISIR LE SENSIBLE

En octobre 2000, l'Observatoire international de Première Vision (le salon mondial des tissus) publie un opus consacré au bon et au mauvais goût avec de larges pages sur l'aliment, l'alimentaire, le gourmand, le gourmet, le goinfre... Les observateurs d'alors constatent que du biologique au chimique en passant par le technologique, la société s'engonce dans la froideur décharnée. À l'aube d'un nouveau millénaire, elle entend dévorer la vie, reprendre langue avec la chair. « Appétissant devient à son tour un adjectif clé du design : c'est la nourriture qui inspire aujourd'hui de nouveaux objets succulents et affriolants. [...] Nous avons soif d'enduits candis, de structures et de

Les tendances à moyen terme peuvent persister deux à trois ans, avant de s'étioler doucement.

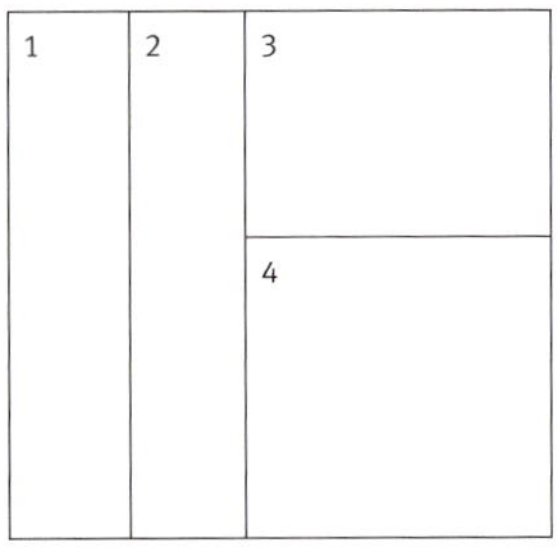

Une tendance dite d'écume nourrit l'imaginaire de la consommation sans pour autant bouleverser la société.

matériaux couverts de chocolat, saupoudrés de cacao. Nous avons faim d'un design succulent comme de la réglisse, tendre comme de la pâte d'amande et brillant comme de la *jelly*. Nous voulons fabriquer une fournée de tissus, cuire une maison de pain d'épices, faire fondre une chaise en pomme confite autant que prendre nos aises[34]. »

Les nourritures terrestres deviennent le fil rouge d'une palette de produits gourmands : les cosmétiques aux allures comestibles se laissent manger du regard, l'agroalimentaire a des airs de produits de beauté, les

34. Lisa White in *Taste*, Observatoire international de Première Vision, 2000.

CIRQUE / CIRCUS

LINDBERGH

Appréhender une tendance nostalgique/vintage par exemple, n'induit pas une adhésion réfléchie. La majorité des individus y souscrivent souvent sans raison explicite, par sensibilité inconsciente.

parfums empruntent les saveurs du café ou des céréales, les pâtissiers occupent le devant de la scène médiatique, à l'image d'un Pierre Hermé, « le Picasso de la pâtisserie », selon la presse américaine...

Sans oublier la folie chocolat dont les teintes profondes stimulent le regard, et dont les bienfaits supposés sur le moral s'infiltrent dans les produits de douche, le maquillage, les fragrances... jusqu'à l'horlogerie avec la montre en plaquette de chocolat de Chanel ou la joaillerie avec les bijoux en « or chocolat » à croquer de Boucheron.

La nostalgie et ses effets rétroviseur sont aussi un bon véhicule pour amorcer une tendance d'écume. Dans une société qui cultive le jeunisme à outrance et se complaît à évoquer un âge d'or totalement mythique pour fuir les supposées brutalités du monde, la mélancolie est un baume délicieux. La folie du « vintage » a émergé vers la fin des années 1990 avant d'exploser en 2001 avec une robe millésime 1992 du couturier Valentino portée par l'actrice Julia Roberts lors de la cérémonie des Oscars à Hollywood. La vague rétro est remise au goût du jour, elle donne du sens à une société « fatiguée » par la modernité, en réaction contre la société de consommation obsédée par la nouveauté à court terme et une uniformisation impersonnelle. Pour les amateurs, le vintage a une âme comme un grand cru qui se savoure. Au-delà de ces passionnés, les années 1960, puis la décennie 1970 et enfin les années 1980 déroulent leurs images et leurs produits nostalgiques, dont beaucoup bien sûr sont neufs, confectionnés par des producteurs qui surfent sur... le mouvement !

La tendance d'écume est le domaine de l'expression de la personnalité, elle nourrit l'imaginaire, elle permet d'entrer en fusion sensorielle avec les individus. Sans disparaître forcément tout à fait, elle s'étiole par saturation, sa survie ne tient qu'à une maîtrise de sa diffusion.

06
04
9*
07
49*
01
06
05
02
04
01
05
02
03
08
01
11
10
09
08
07
07
10
09
10
01

L'IVRESSE DES GRANDS FONDS

La tendance de fond puise sa réalité dans la topographie des idéologies : pensées sociales, économiques, philosophiques, scientifiques, esthétiques… qui modifient profondément la société, l'orientent sur des chemins souvent inexplorés ou encore inexploités.

Aborder les rivages de la tendance de fond, appelée aussi macrotendance, implique une veille sérieuse, une vigilance de tous les instants et une lecture affûtée des mouvements de la société, en menant une analyse quasi ethnographique, pour ne pas dire anthropologique, des groupes humains. Il s'agit de décrypter les attitudes et les comportements des individus, de percer les mystères de l'imperceptible, de capter les « signaux faibles » qui, agrégés, finissent par révéler un fait social de première importance.

UNE SOCIÉTÉ EN MUTATION

Chaussures destinées aux pratiques sportives par leur confort et leurs semelles capables de rebonds, les *sneakers* (comprenez les baskets) ont quitté les stades pour le bitume des villes au début des années 1980. Un phénomène apparu aux États-Unis et qui a envahi toute la planète, soutenu à l'époque par la tendance du jogging qui incitait les citadins rouillés à stimuler leur corps à petites foulées. Ravis de céder au moelleux des baskets en lieu et place des souliers carcans, les hommes et les femmes n'ont alors plus quitté leurs « chaussons » sportifs. Cette tendance anodine était entraînée par un mouvement de fond : le nomadisme

Comme son nom l'indique, une tendance de fond bouleverse l'environnement social, économique, culturel… par une remise en cause ou par la transformation de l'existant.

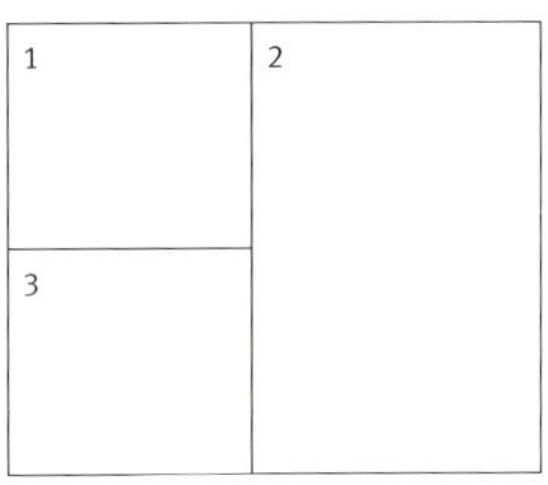

L'adhésion à une tendance de fond est souvent motivée par une immersion dans un phénomène qui nous « oblige » à suivre le mouvement, à marcher dans les pas de la collectivité.

qui s'est imposé quelques années plus tard. L'époque vit apparaître le Walkman de Sony –le fameux lecteur de cassettes portatif–, le sac à dos citadin, les nouvelles matières textiles « intelligentes », c'est-à-dire poids plume, infroissables, respirantes, antistress (*sic*)... Un vestiaire de randonneurs qui répondait à l'extrême mobilité des sédentaires, à l'extension des mégapoles, au développement du trafic aérien, au tourisme planétaire... Autant d'éléments qui fixèrent les lignes d'un monde en mouvement perpétuel. Aujourd'hui, on ne parle plus de tendance nomade, elle est un état de fait pour des populations en migrations permanentes.

Autre manifestation majeure qui a subi des évolutions sur plusieurs années : l'idéologie du bien-être. Le passage du nouveau millénaire a été le prétexte à remettre « le compteur à zéro », à s'imposer un esprit sain dans un corps sain. La thalassothérapie d'hier, synonyme de diète et de lavements symboliques ou

1

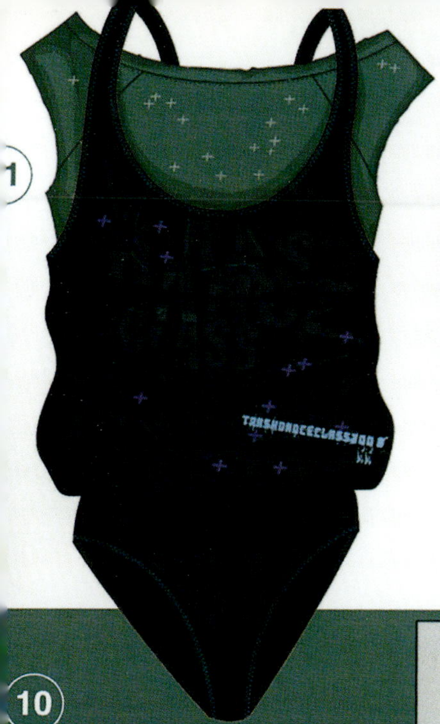

CREATIC

CREATION CARLIN

10

9

SOFILETA * FURPILE *

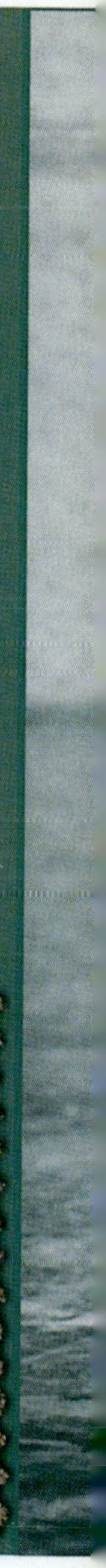

BUGIS *

réels, laisse la place au spa, plus chic et plus exotique. Des charlatans patentés ou non ont pris le train en marche, surfant sur la vague « spatétique » : analyse bioénergique, aromathérapie, art-thérapie, ayurveda, danse thérapie, coaching, jeûne végétarien, massages, musicothérapie, Qi gong, relaxation, réflexologie plantaire, sophrologie, tantra, yoga... Tout est bon pour apporter du bien-être à une humanité obsédée par l'épuration des toxines qui se glisse dans le bain amniotique d'un Jacuzzi, inspire des bulles régénérantes dans un bar à oxygène. Ce phénomène de mode au long cours a quelque chose à voir avec l'apogée de l'individuation, la volonté individuelle de préserver ou de défendre l'intégrité du corps, un corps que l'on rêve en apesanteur.

Le secteur de l'automobile, très en pointe des tendances sociétales, scrute avec acuité les mouvements de fond. Si actuellement, il faut entre trente-six et dix-huit mois pour créer un nouveau modèle, contre cinq ans en moyenne autrefois, il est indispensable de prendre la bonne route sur laquelle aura envie de rouler tout un chacun. Bien que décriée et critiquée par les puritains de l'écologie, la vogue des voitures 4 x 4 ne faiblit pas depuis 2002. Son succès tient du snobisme : ces automobiles d'assaut hautes sur pattes apportent un statut viril à leur conducteur (même quand il s'agit d'une femme !) ; dans les métropoles embouteillées, elles confinent au culte moderne de la consommation ostentatoire. Cette vague roule de concert avec l'extension fabuleuse des marques de luxe qui posent leur logo sur tout ce qui peut se vendre pour des individus qui ne cherchent qu'à se faire voir et bien voir. Les constructeurs français qui ne semblaient pas y croire, se sont lancés dans la course 4 x 4 l'année dernière, mais il est trop tard, l'ascétisme automobile avance avec, pour les prochaines années, des modèles dits *« cross over »*, des véhicules composites qui jouent la polyvalence et la sobriété. À l'image du modèle x 6 du constructeur allemand BMW qui est un croisement de coupé, de berline, de break, de 4 x 4 et de SUV [35], une automobile métissée qui sera disponible en version hybride, essence et électrique. La tendance 4 x 4 roule déjà vers d'autres horizons...

La définition d'une tendance de fond est du domaine de l'expression de l'intime, il ne s'agit pas de savoir si les jupes seront longues ou courtes, mais de comprendre comment l'individu va évoluer dans la société, comment il va se comporter, s'impliquer, ce qui va le motiver et tout cela sur le long terme parce qu'il ne change pas ses habitudes du jour au lendemain. Un nouveau mode de consommation nécessite de l'apprentissage. Ceci fait, une tendance de fond disparaît par intégration naturelle et par évolution douce.

Les perspectives à cinq ans en moyenne définies par les bureaux de style apportent un éclairage « en profondeur » et un recul indispensable face à l'accélération du monde.

35. *Sport Utility Vehicule*, véhicule utilitaire sport en français.

MBIANCE/SOCIOLOGIE
TMOSPHERE/SOCIOLOGY

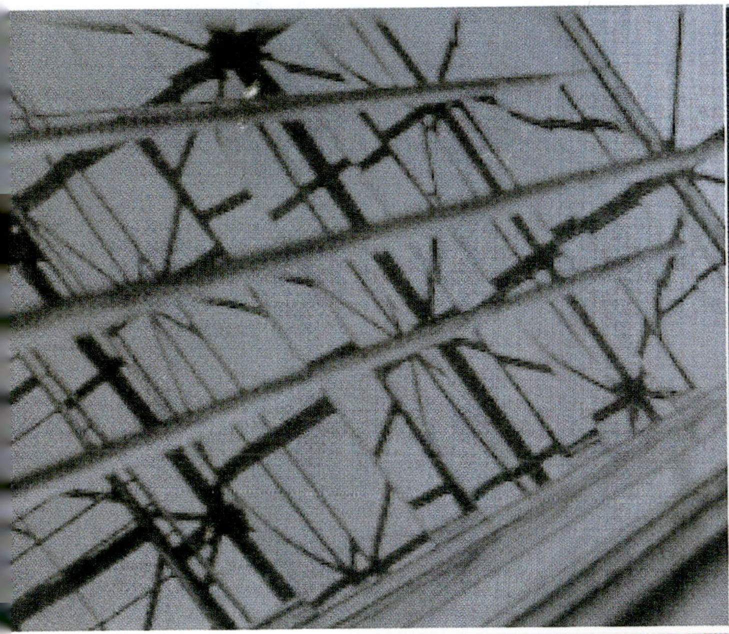

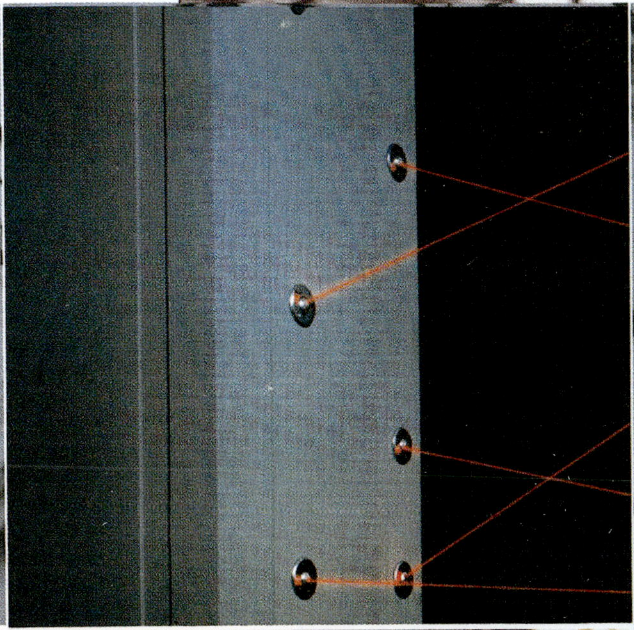

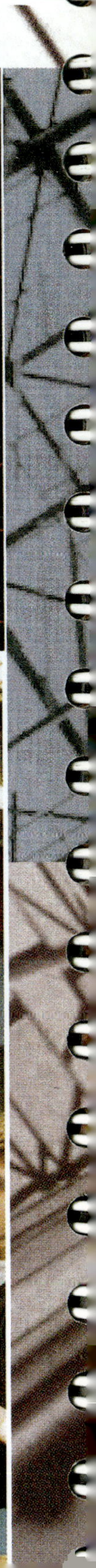

TELEDOC
569
N; DUVIC G; HARARI S
gen. Telecommun., Dir. Aff.
t. int., Rennes
ction d'erreurs sur une
on par satellite a 34 Mbit/s
Telecommun.; FRA
/05 263-266;
37; No 5-6; p. 4 fig.
.(3 ref.);
ection de 2 erreurs dans un
de 56 elements binaires
tituant l'en-tete protege des
ets de donnees qui sont
smis sur une liaison par
llite a 34 Mbit/s. Le
la visualisation (O/N) ?

LES TENDANCES SUR MINITEL

●

APRÈS AVOIR vécu leurs trente glorieuses, trois décennies de croissance et d'imposition de leurs clairvoyances inspirées dans une société de la consommation partie au grand galop, les prêtresses de la tendance (terme médiatique qu'elles réfutent pour la plupart d'entre elles) vont-elles vivre leurs « trente piteuses » pour reprendre la formule de certains économistes ?

En 1991, Edith Keller à la tête du bureau de tendances Carlin s'interroge sur la pertinence de ces « intuitions » dictées deux fois par an par des stylistes autant que par des marchés supposés éclairés, et sur l'apparente désuétude des cahiers de tendances lourds à gérer, de tout un système qui semble avoir fait son temps. « Le monde était en pleine accélération, en pleine ouverture totale, en proie à une formidable explosion d'individualités et nous en étions encore à réduire cette vision du monde à quatre, cinq ou six tendances majeures saison après saison. »

TOUJOURS PLUS VITE !

Un constat distant et lucide d'autant que de nombreuses critiques fusent sur cette activité de recyclage d'idées existantes, ripolinées, pour tracer les voies du futur et sur une forme d'autorité excessive de certaines de ces pythies. Gagnés par le syndrome « *big brother* », les détracteurs dénoncent même qu'une poignée de personnes dans le monde imposent leurs diktats arbitraires, au nom des marchés, en manipulant leurs

« L'information électronique » révèle en temps réel ce qui se fait, ce qui se vit, ce qui se porte...

prévisions pour le plus grand profit de leurs clients : marques, industriels, distributeurs…

Pour Edith Keller, il s'agit d'une vision simpliste : « On ne construit pas l'avenir sur du vent, mais sur les fondations du passé et du présent ; ensuite notre sensibilité et notre capacité d'analyse des épiphénomènes et des tendances de fond interviennent pour, non pas imposer une vision orientée, mais révéler des scénarios exploratoires pour guider les acteurs industriels ou autres à faire des choix. »

« Le problème tient à la propagation du mot tendance qui incarne une certaine idée de la modernité, de l'actualité : les magazines s'en sont emparés pour faire des pages dites "tendances" qui n'ont pas grand-chose à voir avec notre métier mais qui en ont vulgarisé l'essence. Nous n'avons pas su inventer un nouveau vocabulaire », regrette Nelly Rodi.

« Il n'en reste pas moins que ce système des tendances est entré dans les mœurs aujourd'hui, affirme de son côté Pierre-François Le Louet, président-directeur général de l'agence NellyRodi. C'est devenu un véritable standard international qui a fait ses preuves et dont la pertinence n'est pas remise en cause. »

« Un phénomène de mode reste un langage[36] », note Françoise Vincent. Et le révélateur de ces phénomènes doit faire dialoguer la société, le monde industriel et les créatifs dans l'objectif de stimuler l'innovation, de faciliter l'adaptation aux changements. Il n'est qu'un éclaireur aux avant-postes de la société.

Adaptation, mot clé de la globalisation qui évoque un monde ouvert à toutes les opportunités pour les Anglo-Saxons, baptisée négativement mondialisation par des Français frileux qui y voient les dérives d'un capitalisme épouvantable, d'une horreur économique. Les bureaux de tendances eux, en revanche, ont anticipé la globalisation depuis bien longtemps, exportant largement leur savoir-faire avec l'ouverture de nombreuses filiales dans le monde entier. D'autant que la fonction d'anticipation n'a jamais été aussi nécessaire pour y voir clair dans un magma informationnel de plus en plus sensible qui fuse à la vitesse des nouveaux moyens de communication d'un bout à l'autre de la planète.

Pour gagner en réactivité, ils créent de nouveaux outils de réactualisation des tendances, une écoute anticipative qui révèlent des courants émergents, les petites perceptions qui affleurent à la surface de la société, les opportunités et les menaces qui bousculent l'économie à tout instant.

36. In *Dépêche Mode Professionnel*, juillet-août 1982.

1 | 4
2
3

Avec l'arrivée des « révélateurs » de tendances virtuels, les bureaux de style historiques ont été contraints eux aussi de s'installer sur la Grande Toile pour proposer des informations en flux tendu.

L'arrivée du Minitel, en phase d'expérimentation en 1980, promet des bouleversements en termes de communication. En 1985, on recense plus d'un million de terminaux actifs : Carlin décide alors d'utiliser ce nouveau moyen de transmission instantanée pour diffuser ces informations tendances « de dernière heure ». Les Américains proposent de leur côté un système identique avec un affichage en couleurs, d'autres pays européens se penchent aussi sur des procédés fondés sur la norme vidéotex. La mauvaise qualité de transmission, l'affichage trop long de certaines pages, la complexité à mixer des textes et des graphiques ont raison de cette révolution balayée de plus par la montée d'Internet.

Véritable ressource de l'immédiat, le Net transforme l'approche des défricheurs de tendances confrontés à l'exigence d'informations permanentes de leurs clients, à la boulimie obsédante d'être « au courant de tout, tout le temps et surtout avant les autres ». Fort de cette frénésie, deux Anglais, Julian et Marc Worth, lancent en 1998 le site wgsn.com, « un service global de recherche en ligne des tendances, d'analyse des évolutions de la mode, du design et du style ». Avec pas moins de 200 têtes chercheuses et une implantation mondiale, ce site Internet dévoile vingt-quatre heures sur vingt-quatre les ultimes tendances. Avec un bémol : ce type d'approche, pour pertinente qu'elle soit, se limite à une mise en exergue de l'existant, de l'imminent, sans effleurer la prospective, sans vraiment se projeter au-delà du moment présent.

Ces nouvelles technologies n'ont pas eu raison du cahier de tendances traditionnel dont l'obsolescence apparente retrouve de la vigueur. « Le papier a encore tout son sens parce qu'il faut montrer les matières, les toucher. De plus, la lisibilité des couleurs *via* le numérique n'est pas encore fiable, explicite Edith Keller. D'autre part, un cahier de tendances n'aborde plus seulement les tendances par l'information mais par la création futuriste à court, moyen ou long terme pour suggérer la réalité de demain. » La cohabitation tranquille du réel et du virtuel redonne du souffle à la prévision.

Le développement d'Internet a poussé les « gourous » d'hier à remettre en cause la pertinence de leurs modèles, sans faire disparaître leur outil majeur : le cahier de tendances.

PASTORALE

Romantisme et joie de vivre de la nature au printemps.
Tissus légers, aérés. Féminité des décors : linge délicat, brodé, festonné, ajouré.
Jeux de lumière pour la fenêtre : stores plats ou bouillonnés, rideaux et voilages volantés, dentelle.
Fraîcheur des dessins impressionnistes, floraux ou fruités, traités à "l'aquarelle" ou à "l'huile".
Harmonie avec les bois blonds, la paille, le rotin, repeints en pastels. Aspect et toucher naturels. Effets "mat et brillant".

Romanticism and enjoying nature's life in the spring.
Light, airy fabrics. Decorations with a feminine touch : dainty, embroidered, scallop trimmed, open-work household linen.
Motion of light for the window: flat or shirred blinds and frilled, lace voile curtainings. Freshness of impressionist, floral or fruity designs in "water-color" or "oil-painted" interpretations.
Harmonious with blond woods, straw and rattan, repainted in pastel hues. Natural aspect and handle. "Matt and shine" effects.

Harmonies : une gaîté omni-présente
cheerfulness everywhere

Blondeur de la paille et fraîcheur des fleurs
Blond hues of straw, freshness of flowers

Le printemps s'installe dans nos chambres
Spring gets into our rooms

Fraîcheur des coloris acidulés, fruités et fleuris
Freshness of acidy, fruity and flowery colors

48

confitures d'automne

Des recettes succulentes et appétissantes pour des fils fantaisie
Succulent and appetizing recipes for novelty yarns

Des envies de douceurs et de souvenirs gustatifs, avec des nougats, des confitures et des compotes aux mélanges fruités. On se fait des réserves pour l'hiver, on invente en cuisinant.

Longings for sweetness and taste memories, with nougats, preserves and compotes in fruity mixtures. Making supplies for winter, inventing while you cook.

Fibres et Fils
Fibers and Yarns

Des mélanges sans a priori, des aspects et des effets très innovants. Des boules de laine ou d'acrylique, des touffes de polyamide Tactel.
Des effets très spectaculaires de moulinés fantaisie et de mèches imprimées.

Blends with no preconceived ideas, very innovative effects and looks. Wool or acrylic balls, Tactel polyamide tufts.
Highly spectacular effects of fancy moulinés and printed rovings.

Maille et matières
Knit and fabrics

Mélanger des fils de toutes sortes ensemble, sans compliquer les points et les armures.
Les effets de coloriages et les surfaces «compote» suffisent.

Mix all sorts of yarns together, without complicated stitches and weaves. The coloring effects and «compote» surfaces are enough.

Carlin copyright 2002

Les cahiers de tendances actuels ont gardé l'essentiel de leurs qualités visuelle, tactile, intellectuelle, en enrichissant notablement leur contenu et leur aspect graphique.

TOKYO
LONDRES
PARIS
LONDRES
GENEVE
PARIS
PARIS
TOKYO
PARIS
GENEVE
TOKYO
4300
LDORF

MILAN, PARIS, LONDRES, NEW YORK, TOKYO : L'AXE DU TREND

●

La globalisation est depuis longtemps une réalité pour les professionnels de la tendance qui travaillent sans frontières.

DEPUIS de longs siècles maintenant, la globalisation menée tambour battant par l'Occident s'infiltre jusqu'aux confins de la planète. Les États-Unis et l'Europe ont imposé leur modèle de consommation, leur façon de vivre, leur culture, leur socialisation. Malgré leurs divergences et des secousses internes, le nouveau et le vieux continent ont exporté leurs productions qui se mangent, se boivent, se portent, se regardent, se sentent…

Découvertes, conquêtes, guerres… ont agité l'humanité pendant des siècles et fait avancer l'histoire de l'Occident principalement en modélisant le monde à son image. Sans remonter aux calendes grecques, quelques grandes nations européennes, envahissantes et colonisatrices, ont davantage écrit l'histoire que d'autres. L'Italie domine au XVe siècle, l'Espagne façonne le XVIe siècle, la France illumine les XVIIe et XVIIIe siècles, l'Angleterre construit le monde industriel au XIXe siècle. Et enfin au XXe siècle, les États-Unis prennent le relais de l'Europe et construisent la société de consommation aux côtés du Japon qui éclot grâce à la technologie et à une organisation industrielle sans faille.

Le rayonnement hégémonique de tous ces pays est dû à la façon dont ils ont réussi à massifier leur culture et à la répandre aux quatre coins du monde. Dans les années 1960, la géographie symbolique des façons d'être, des modes de vie, des attitudes… va connaître un bouleversement avec la naissance des « gourous »

Le Swinging London *appartient à l'histoire, mais la capitale anglaise demeure encore un creuset formidable d'influences en tout genre.*

que nous avons évoqués, et avec « l'invention des jeunes » – qui jusqu'alors n'avaient pas la parole, n'étaient pas visibles dans l'ombre des adultes. La période d'épanouissement économique portée par la société de consommation va être celle de la contestation sociale, des libertés, de l'émancipation esthétique, de l'implosion des mœurs. Grâce à la puissance d'Hollywood et à son industrie du cinéma, grâce aussi à la Seconde Guerre mondiale et au débarquement, l'Amérique va propager son fameux *way of life*, un style de vie et les objets de la nouvelle civilisation de la consommation de masse.

DES VILLES NATURELLEMENT « TENDANCES »

En Europe, espace de tradition et d'histoire, la jeunesse va bousculer une société engoncée dans ses certitudes bourgeoises. À Londres, les stylistes Mary Quant, Ossie Clark ou encore le coiffeur Vidal Sassoon font valdinguer l'esthétique conventionnelle, c'est le *Swinging London* décrit par *Time Magazine* pour la première fois en 1966. À Paris, Courrèges (avec d'autres couturiers ou créateurs) introduit « dans la couture l'idée d'une élégance sans citation, sans connotation historique, de plain-pied avec la réalité d'un monde moderne[37] ». Intrinsèquement monarchiques, ces pays rentreront dans le rang d'une bourgeoisie, d'une aristocratie toujours éprises de styles aboutis et imperfectibles, de styles marqués du sceau royal du « bon goût » indissociable du théâtre social. En Italie, la fin de la dictature et de la guerre

37. Marylène Delbourg-Delphis, *Le Chic et le look*, Hachette, 1981.

1 | 2 | 3

Le besoin d'inspiration sans cesse renouvelée implique de s'immerger partout où le monde bouge et change.

ÉTIQUETTE EN TISSU IMPRIMÉE ET COUSUE
STITCHED AND PRINTED FABRIC LABEL

va libérer l'érotisme naturel de ce pays sanglé dans les uniformes. Sans se départir néanmoins d'une sorte de puritanisme catholique, les Italiens font naître la *dolce vita*, une alchimie stylistique de glamour et d'élégance, d'abandon et de retenue, de luxe et de populaire qui séduit les consommateurs du monde entier *via* la mode, le design mais aussi la gastronomie.

« Cependant, cette domination européenne du monde connut une exception : le Japon[38]. » À la fin du XIXe siècle, l'empereur Mutsuhito déclarait : « Si nous ne devenons pas "modernes" comme eux, ces chiens d'Européens vont nous manger le foie ! » À marche forcée, l'archipel alors très fermé s'attache à devenir une grande puissance qui, sans renier ses traditions, embrasse la modernité et s'ouvre largement au monde. Le pari technologique des circuits intégrés et miniaturisés, une réussite industrielle sans précédent, propulse l'économie nipponne au premier rang mondial. Les Japonais inondent la planète d'ustensiles électroniques, d'objets nomades, nos « doudous » communicants, d'automobiles et de deux-roues performants. L'archipel du Levant n'est pas qu'une immense usine de la modernité, il est aussi une nouvelle référence culturelle avec une déferlante esthétique très « tendance ». En témoigne le succès des mangas, des jeux vidéo, des personnages iconiques et familiers comme Pokémon ou Hello Kitty, sans oublier la vogue des sushis ou de la stylistique « tirée à la ligne » des créateurs de mode, des designers et des architectes nippons.

Cette suprématie américano-nippo-européenne tient encore par la prégnance des symboles et des mythes qu'elle incarne. Mais un basculement vers l'Est s'affirme de plus en plus : le monde tourne. Demain, la Russie, l'Inde, la Chine devraient imposer leur vision du monde, donner le pouls de ce qui se fait, de ce qui se porte, de ce qui se dit, de ce qui se vit... Demain, ces pays vont faire émerger les nouveaux standards. Le vieux monde ne résistera pas à cette déferlante.

Les Français ont inventé le système de lecture des tendances, aujourd'hui partagé par des Américains, des Italiens, des Anglais... mais Paris, pour des raisons historiques et par sa capacité à capter et à digérer les influences du monde entier, garde encore un fort pouvoir d'attraction. Qu'en sera-t-il demain ? « Les bureaux de style évolueront comme ils l'ont déjà fait depuis plus trente ans, vers davantage de visions et de compétences associant la connaissance des individus, des marchés, des sensibilités et en se transformant en cellule hyper créative, déclare Pierre-François Le Louet. Ce ferment créatif permanent est la clé de l'avenir pour inventer d'autres mondes. »

38. Jean-Claude Barreau, Guillaume Bigot, *Toute l'histoire du monde*, Librairie Arthème Fayard, 2005.

Les bureaux de style exportent très largement leurs conseils et leurs cahiers de tendances dans un grand nombre de pays développés mais aussi émergents.

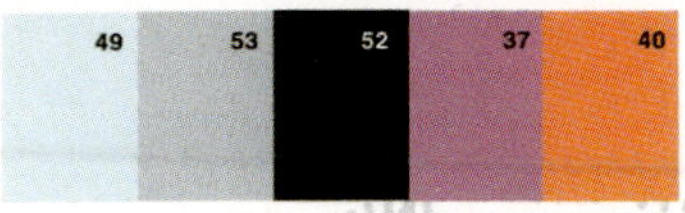

LA VIE DE CHÂTEAU
LIFE OF LUXURY

Carlin copyright 2001

3

Sans vouloir mettre le monde et son humanité au garde-à-vous, un certain formalisme cherche sa voie dans un nouveau pacifisme rigoureux qui respecte les identités.

Without wishing to make the world and its humanity stand to attention, a certain formality is seeking a path in life in a new rigorous pacifism which respects identities.

DE RIGUEUR

30

Les tendances se définissent sur un plan global, ce qui n'obère pas la mise en exergue d'influences locales qu'il faut savoir repérer et intégrer.

LES TENDANCEURS

« LA THÉORIE À LA MODE DANS LE MANAGEMENT AMÉRICAIN, C'EST LA CHAOSOPHY : nous devons apprendre à nous épanouir dans le chaos permanent. Pilotage à vue dans un relativisme absolu et la tempête permanente. L'individu adapté, c'est le surfeur. C'est aussi un Janus. Il garde son vrai moi pour sa bande, sa tribu, son clan et bien sûr sa famille, plus importante que jamais », explique Bernard Cathelat[39]. À l'orée des années 1980, ce docteur en psychologie sociale s'immisce dans la grande famille des chasseurs de tendances, il crée un observatoire d'analyses des socio-styles de vie, baptisé Centre de Communication Avancée (CCA), pour travailler sur la prévision, pour révéler ce qu'il appelle la « météorologie sociale » qui chahute le monde. Cette intrusion bouleverse le travail des bureaux de tendances : trop concentrés sur la forme, ils vont désormais se pencher sur le fond.

« Nous avons été très vite inspirés par les travaux de Bernard Cathelat avec qui nous avons travaillé, se rappelle Nelly Rodi. Signe des temps, en 1986, j'ai déposé le terme marketing-style parce qu'une des évolutions de notre métier devait passer immanquablement par les fourches caudines du marketing en conjonction avec le style et avec une connaissance très ténue du consommateur qui changeait de statut. » Dans la même veine, Danièle et Sébastien de Diesbach à la tête de Promostyl pressentent dès 1980 l'importance d'une nouvelle « méthodologie d'analyse selon des axes d'influences sociétales » ; ils créent un cahier de prospective baptisé Influences qui « étudie les tendances en gestation et les modes de vie émergents ».

Le marketing et la sociologie doivent marcher de concert dans la définition des tendances. L'intuition ne suffit plus, les marchés et les entreprises exigent des analyses plus profondes, moins intuitives pour mieux anticiper les changements d'attitudes, les motivations, les attentes supposées des individus. Bientôt on ne parlera plus de consommateurs, mais de « consomm'acteurs » non plus passifs mais actifs, pour ne pas dire réactifs (voire réactionnaires !), et même des « prosommateurs », acheteurs professionnels capables de décortiquer marketing et communication .

Les nouveaux observateurs de la tendance trouvent leur origine dans la naissance d'un métier neuf : le planneur stratégique. Glissé dans les organigrammes de quelques agences de publicité anglo-saxonnes à la fin des années 1960, il s'invite à la grande table des tendances deux décennies plus tard. Sans entrer en concurrence frontale avec les bureaux de tendances, les planneurs stratégiques sont engagés par les entreprises de communication et de publicité pour humer l'air du temps, observer la société, flairer les phénomènes émergents, s'imprégner de la culture du moment, et dessiner une trame prospective du monde pour orienter la création publicitaire.

Avec ces nouveaux acteurs et d'autres qui pointent leur science de la futurologie, les faiseurs de tendances de la première heure se doivent de réagir. Dans leurs cabinets, entrent en lice des sociologues, des ethnologues, des économistes, des sémiologues, des archéologues sociétaux... un parterre d'intelligences universitaires et d'éminences de la pensée destiné à mieux déchiffrer le présent pour mieux appréhender l'avenir. Les oracles d'hier n'ont plus le monopole. Face à la multitude des individualités se déploie la multitude des porteurs de sens, pertinents ou opportunistes. « De tout temps, l'inquiétude des hommes vis-à-vis du futur a été grande. Sans doute l'est-elle plus encore aujourd'hui tant le changement s'accélère, les ruptures se multiplient, l'impression de chaos l'emporte sur celle d'un ordre bien réglé, tant sont vastes l'éventail des futurs possibles (des meilleurs aux pires) et l'étendue des incertitudes[40]. »
Plus ces dernières grandissent, plus les décrypteurs de variabilités pointent le bout de leur flair pour éclairer le monde comme autant de phares.

DOUBLE PAGE PRÉCÉDENTE : *Dès les années 1980, les « gourous » comprennent la nécessité de déchiffrer le monde avec d'autres outils.*

À GAUCHE : *La sensibilité ne suffit plus pour capturer les tendances, il faut aussi infiltrer les individus de plus en plus insaisissables.*

39. In *L'Express*, 13 janvier 2000, propos recueillis par Jacqueline Remy.
40. Hugues de Jouvenel, « Invitation à la prospective », in *Futuribles*, 2004.

En parallèle des solutions créatives, les cahiers de tendances traduisent de plus en plus une réalité composite, des phénomènes profonds.

Alors que le désordre fait figure de notre société, des espaces de poésie et de surprises émergent ça et là. Notre univers post-industriel dévoile les traces esthétiques de notre environnement naturel. Les stades abandonnés revivent de nouveau grâce aux amateurs des sports collectifs. L'axe Débordements évoque ce chaos général. Mais l'optimisme pour l'avenir est tel que dans l'axe Eveil, la nature reprend le dessus pour que la vie s'impose.

While disorder is part of our society, areas of poetry and surprise emerge here and there. Our post-industrial world reveals aesthetic traces of our natural environment. Thanks to team sport fans, abandoned stadiums are coming back to life. The Bubbling Over theme evokes this general chaos. But optimism for the future is such that in the Awakening theme, nature regains the upper hand so that life asserts itself.

POST-INDUSTRIEL
POST-INDUSTRIAL

L'OBSERVATOIRE
PREMIERE VISION
L'OBSERVATOIRE

ÊTRE OU NE PAS ÊTRE VISIONNAIRE

«PRÉDIRE le futur est notoirement difficile. Plus la description proposée est grandiose et élaborée, plus il y a de chances qu'elle se révèle fausse. Mais cela n'empêche pas les "technologues" de nous brosser des tableaux réalistes d'un monde transformé par l'une quelconque de leurs inventions [41].» Prédiction, prophétie, prévision, pronostic, tendance, prospective, utopie... quel que soit le terme employé ou le moyen de chercher à connaître «ce qui doit arriver», il s'agit d'analyser l'existant pour tracer l'avenir avec une précision qui dépend du degré visionnaire de celui qui le dessine... et de sa capacité à manipuler la ou les informations! L'avenir n'est jamais certain, alors pour y voir plus clair, les grands annonciateurs procèdent à une relecture du passé, une observation du présent et communiquent leur digression subjective.

UN ENVIRONNEMENT QUI CHANGE

À l'aube du monde industriel, au XIXe siècle, les techniques se développent dans tous les domaines: textile, sidérurgie, chemin de fer, automobile, électricité, téléphone... Avec elles, des futurologues voient un avenir merveilleux (ou effrayant) dominé par les machines qui nous libéreraient des contraintes quotidiennes ou au contraire nous aliéneraient, relayées au XXe siècle par des robots autonomes et des technologies ultra-sophistiquées qui finiraient par prendre le pas

La prévision reste le fait de sensibilités d'hommes et de femmes capables de percevoir influences majeures et phénomènes mineurs.

41. Bernard Mély in *Futuribles*, septembre 2004.

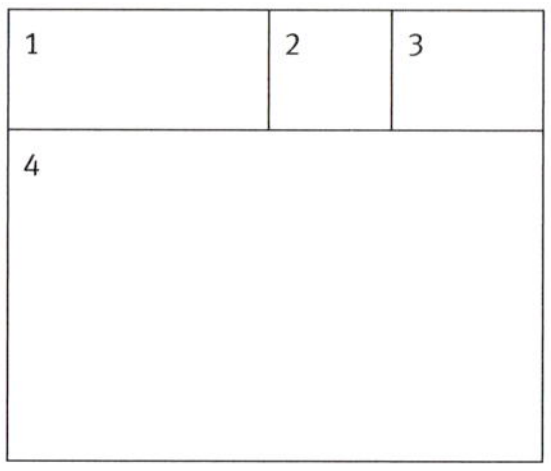

La projection dans l'avenir tient d'un équilibre entre voir le monde dans sa « crudité » et imaginer des fictions, porteuses de sens pour révéler les nouvelles mythologies marchandes.

sur l'homme et le suppléer au mieux, l'anéantir au pire. L'an 2000 est passé, les robots sont dans nos cuisines, nos voitures ne volent pas, les pilules n'ont pas remplacé nos aliments, nous ne nous habillons pas de scaphandres… Ce qui risque de nous anéantir ne change pas : guerres, maladies, accidents…

Alors des visionnaires sans vision ? Le « référent ultime pour mesurer le succès d'une technologie, c'est la façon dont elle est accueillie par le marché et non sa conformité à la vision initiale de ses concepteurs[42] ». Davantage qu'hier, et bien plus que demain, c'est toujours l'incertitude qui domine le monde et rend nécessaires les prévisionnistes et autres « technologues » pour « enchanter » le futur.

Les tendances sont apparues pour guider les entreprises et les marques soucieuses de s'inscrire dans les modes de consommation. Elles aident aussi à la compréhension du monde dans des sociétés contemporaines toujours plus complexes, confrontées à des mutations économiques par nature imprévisibles, aux ruptures plus rapides et perçues comme plus brutales. Une impression qui se renforce avec les moyens de communication multiples qui nous branchent sur le réel : l'intrusion de l'information distillée vingt-quatre heures sur vingt-quatre crée un sentiment d'horreur sans fin, phénomène qui s'est amplifié avec la première guerre

42. Bernard Mély, *op. cit.*

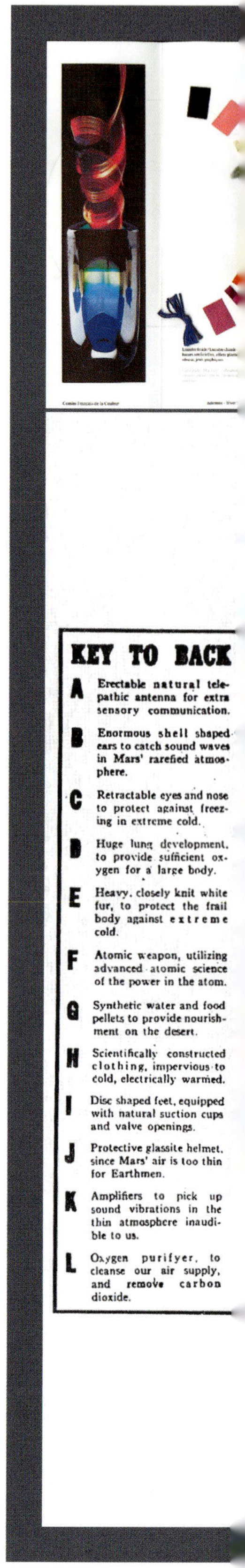

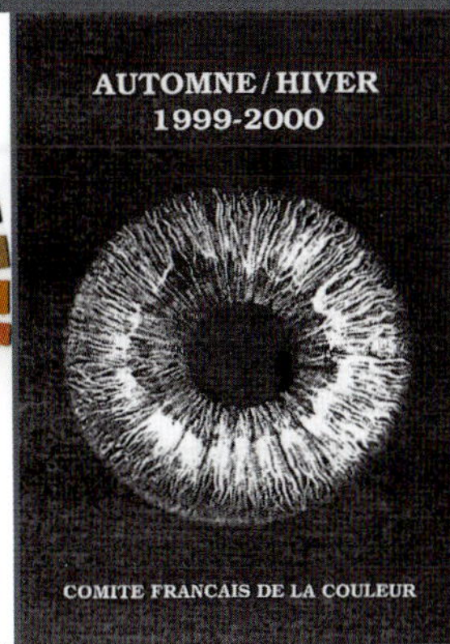

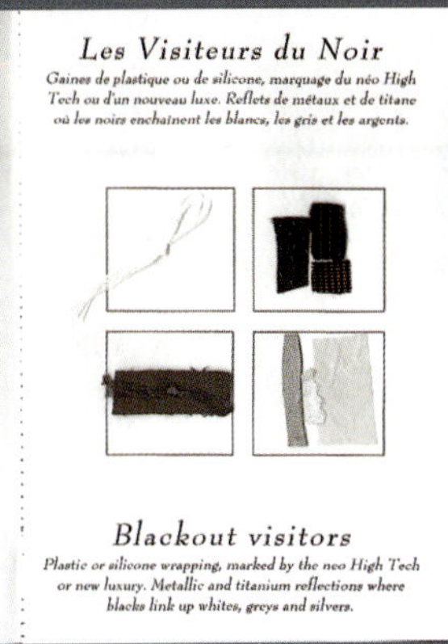

LES "GENS DE LA RUE" PRENNENT LA PAROLE...

CHAQUE SAISON, ILS DÉCOUVRENT (OU SUBISSENT!) LES NOUVELLES PALETTES DE LA MODE. POUR L'AN 2000, ILS ONT QUELQUES IDÉES À SUIVRE...

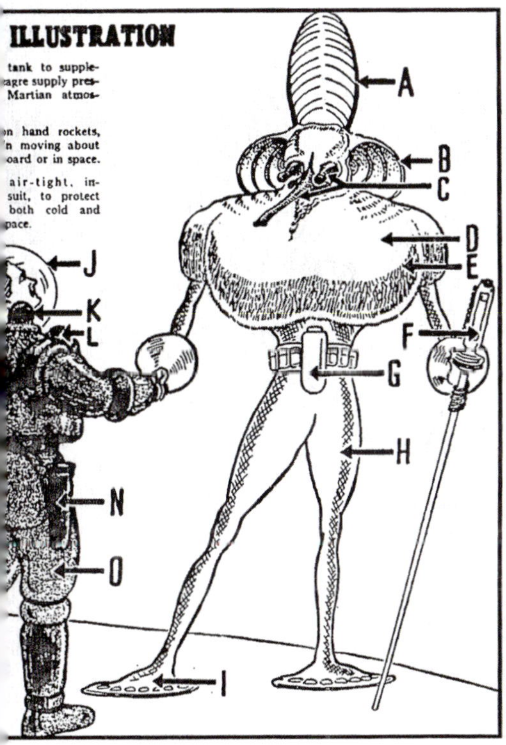

A la double question, "quel est votre regard sur la couleur aujourd'hui ? et quelle est votre vision de la couleur de l'an 2000 ?", des femmes (plus nombreuses) et des hommes (moins passionnés) répondent clairement. En règle générale, la couleur n'est ni un problème fondamental ni une question existentielle. "On prend ce qui vient!". Et il fallait s'y attendre, le noir demeure un "incontournable" pour les femmes et quelques hommes, on le porte "par facilité, parce que c'est pratique" et finalement "parce que ce n'est pas si mal".

Franck, 32 ans, est plus radical : "Ma seule envie, ce serait la disparition du noir". Qu'on se le dise ! Globalement, les messieurs se sentent hélas ! peu concernés : tabou, machisme, indifférence, paranoïa... ils pointent un doigt ironique vers leurs congénères fashion victims. Patrick, 25 ans, témoigne : "Je comprends mal cette idée de vouloir habiller les hommes en couleurs comme des oiseaux de paradis. Je regarde quelquefois les magazines et je ne me sens vraiment pas concerné par ce qu'on me montre". Néanmoins, il a un point de vue affirmé pour l'avenir : "Je crois que c'est la couleur du jean, le bleu denim qui va dominer pour se réfugier". Se réfugier ? Contre quoi ? Contre qui ? Heureusement (pour nous !), les femmes sont beaucoup plus inventives pour faire passer les couleurs dans le troisième millénaire.
Digest des meilleures idées:
Christine, 39 ans : "L'idéal serait d'avoir des tissus programmables capables de changer de couleur ou de motifs à volonté. Un tailleur rouge dans la journée pourrait devenir noir pour le soir sans avoir besoin de se changer". Aurore, 17 ans : "On pourrait inventer des couleurs qui n'existent pas..." Anne-Marie, 33 ans : "Pourquoi pas ouvrir des boutiques de couleurs où on pourrait se faire des teintes sur mesure pour nos vêtements". Manuelle, 36 ans : "J'adore les couleurs, toutes les couleurs, les vives surtout. Pour le prochain millénaire, j'adorerais porter des coloris électriques, lumineux mais vraiment lumineux, avec des tissus qui clignotent comme des néons pour gommer le gris béton et le noir !". Laïla, 25 ans, s'étonne de toutes ces agitations et ces prospectives : "Pour l'an 2000 ? Ne changez rien !". Rendez-vous en 2999 alors...

Dominique Cuvillier

en Irak. Et bien que les journalistes d'alors aient dit qu'ils ne se laisseraient plus piéger par les images instantanées, ils ont rejoué le même scénario avec le drame du 11 septembre 2001. À cela s'ajoutent des technologies qui permettent à chacun, avec un téléphone portable muni d'un appareil photo numérique ou d'une caméra vidéo, de devenir un reporter de l'instantané.

Cette traçabilité du présent ne permet pas ou peu de prendre du recul et empêche toute tentative de projection sur l'avenir, perçu essentiellement comme une menace.

L'exploration des tendances, soutenue par la sociologie, apporte un éclairage aux changements en préparation. Sans faire fi des drames du monde, elle prend la distance indispensable pour trier le bon grain de l'ivraie, pour ne pas se laisser emporter par une réalité trop « réelle » ! Si les tendances, quelquefois comparées à une futurologie de comptoir, apparaissent maltraitées et amplifiées de manière trop souvent superficielle dans les médias, elles sont à mettre en parallèle avec tous les outils d'anticipation du changement comme la prospective qui porte un « regard sur l'avenir destiné à éclairer l'action présente[43] ».

Les puristes soulignent que la prévision s'inscrit dans le court terme, alors que la prospective se place dans le long terme. Les prévisionnistes ne seraient que des prophètes qui extrapolent les événements alors que les prospectivistes mettraient en perspective une vision tangible à même d'aider à la prise de décisions. Certes, les professionnels (sérieux !) des tendances ne se projettent que très rarement au-delà de cinq ans, pressentent les évolutions en cours et les ruptures en marge, alors que les prospectivistes tracent les contours de la société dans un futur plus ou moins lointain, à dix, vingt ou cinquante ans ; ils perçoivent les signaux annonciateurs de changement, ils anticipent les révolutions. Pour autant, les uns et les autres travaillent sur l'écriture de scénarios utopiques. Le réel supposé est rarement celui que nous avons prédit…

Moins formelles et moins scientifiques en apparence, les tendances sont aujourd'hui distillées par une kyrielle d'experts, de conseils et de consultants, compilateurs du présent et projectionnistes de l'avenir. Mais aussi vous et moi, des stars du show-biz, des « people », des journalistes… L'avenir appartient à tout le monde alors les tendanceurs ne manquent pas de prendre la parole. Autant de visionnaires qui n'apportent pas forcément la clarté attendue sur des lendemains qu'on voudrait toujours chantants. Mais après tout, le futur est souvent une question de point de vue qu'il suffit de saisir avant les autres. « Qui regarde l'avenir le change », disait le philosophe Gaston Berger, inventeur de la notion de prospective. Les tendanceurs sont des observateurs qui cherchent simplement à écrire des histoires de science-fiction « plausibles ».

43. Michel Godet in *Sciences humaines*, mars 2000.

Si le futur n'est jamais sûr, les tendanceurs caractérisent l'avenir pour les champs économique et social, culturel et environnemental.

CARTOGRAPHIE
CARTOGRAPHY

ALLOVER PAYSAGE PHOTOPRINT
ALLOVER LANDSCAPE PHOTO PRINT

Les experts en futur sont désormais légion, mais les bureaux de style gardent leurs prérogatives et s'inscrivent dans une démarche plus créative pour « dessiner » le monde.

RAYURE PLACÉE EN TRANSFERT
PLACED TRANSFER STRIPE

JEU DE PERSPECTIVES
PLAY OF PERSPECTIVE

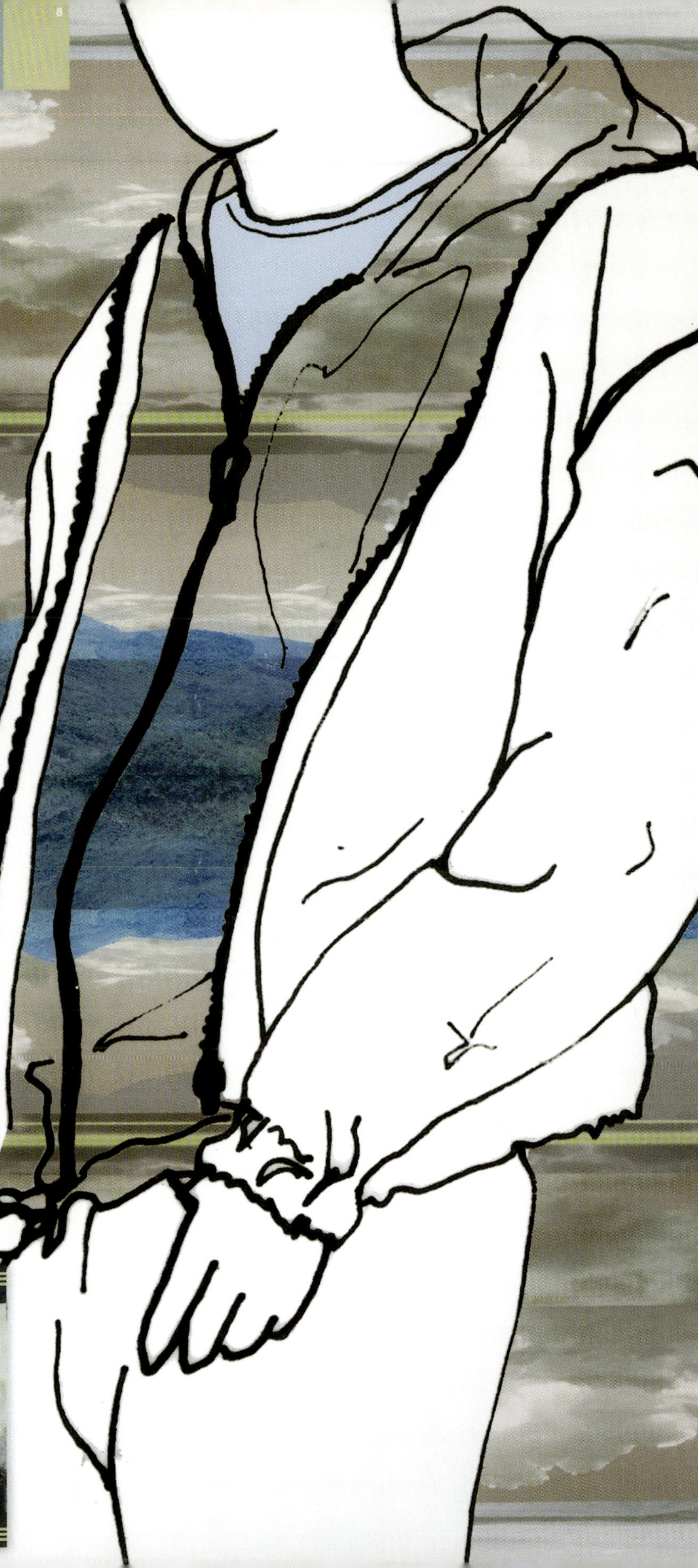

ÉTIQUETTE PLASTIQUE RELIÉFÉE
PLACED TEXTURED LABEL

CAT

Explorer les goûts collectifs ne suffit pas, il faut aussi produire du sens, créer la surprise, innover pour stimuler les imaginaires.

ATIÈRES/TOUCHERS
ABRICS/HANDS

Structure

UN FLAIR, UN ŒIL, UN TEMPÉRAMENT, TROIS RAISONS DE…

QU'IL TRAVAILLE en solitaire ou en groupe, le tendanceur se repaît du présent. Il doit tout lire, tout voir, tout entendre, tout sentir, tout ressentir… au jour le jour. Un métier (un sacerdoce ?) de longue haleine qui exige le souffle du marathonien et la curiosité de l'investigateur qui ne doit pas se contenter de chercher… mais de trouver !

DES TENDANCES DÉMULTIPLIÉES

À l'origine, « les dames de la tendance » glanaient leurs pressentiments dans un petit nombre de médias. La télévision se limitait à une poignée de chaînes, de même pour la radio ; restaient la presse et les livres pourvoyeurs de signes et de sens. L'ouverture sur le monde se réduisait aussi à une fenêtre étroite : de nombreux pays étaient inaccessibles ou difficilement, les modes de transport étaient moins faciles et plus coûteux, les frontières plus soumises à contraintes par des administrations tatillonnes.

Aujourd'hui, on prend l'avion comme l'autobus, on traverse l'Europe du nord au sud et d'est en ouest sans visa ou presque, des pays émergents s'ouvrent et bougent, le petit écran aligne plus de 300 chaînes thématiques et généralistes internationales, la radio tout autant et Internet, le médium-roi, a chamboulé l'accès à l'information et à la connaissance. Gigantesque boîte à outils et à idées, le Net est plus encore un formidable miroir (quelquefois déformant) de la société civile : les millions de blogs deviennent des

Nouveaux médias et nouveaux médiateurs, les tendanceurs d'hier se frottent aujourd'hui à une réalité plus complexe.

terrains d'expérimentations et d'expression des individualités et donc un creuset pour ne pas dire un puits sans fond des phénomènes de modes, des tendances qui frisottent sur l'océan des individualités.

Il ne s'agit pas pour le tendanceur de s'épuiser l'œil et le mental à éplucher tout ce qui se produit, mais à affûter la qualité de son « flair », à sentir « l'air du temps » en faisant le tri dans le flot continu d'informations et d'interférences fusant de toutes parts.

Quand hier il s'agissait d'avoir de l'intuition et seulement de l'intuition flanquée d'un tempérament suffisamment convaincant pour imposer son point de vue, il faut aujourd'hui une capacité analytique pour faire émerger les tendances les plus ténues et réduire l'incertitude.

Les tendanceurs sont des veilleurs de nuit comme de jour, la fonction de veille étant la base de toute démarche prospective pour évaluer les tendances légères et les tendances lourdes. Ils doivent être aussi des guetteurs pour « sauter » sur les événements improbables, pour capter l'imprévisible.

Ils pratiquent alors des « flâneries sémiologiques », une immersion permanente dans le champ social, médiatique, culturel, politique... pour observer ce qui bouge, ce qui change, pour alpaguer les mots et les formules qui font mouche.

Ils se créent une « chambre de signes » hautement symbolique dans laquelle ils tapissent les murs de signaux, couleurs, objets, images... pour baigner consciemment et inconsciemment dans « l'air du temps », dans l'esthétique du moment.

Ils assurent un « *media scanning* », une lecture interprétative de la presse, de la télévision, de la radio, d'Internet... pour filtrer les innombrables bavardages, cribler les informations qui feront incontestablement sens.

Ils entretiennent un « réseau de renifleurs intelligents » : sociologues, architectes, artistes, philosophes, chercheurs... qui portent un regard généralement plus critique et plus distant sur le monde.

Forts de tout cela, ils passent à une étape d'imprégnation intense, suivie d'une période d'incubation, car il faut bien digérer cette masse considérable d'informations. Vient ensuite, l'illumination : la définition et la formulation des tendances ; une concrétisation qui s'achève par une étape de validation des choix et des partis pris et par une pondération de telle ou telle tendance.

Formée à la sociologie et aux sciences humaines, Françoise Serralta, directrice de la recherche chez PeclersParis, rappelle que pendant longtemps la définition des tendances n'a nécessité aucune justification. « Désormais, il faut analyser le contexte, développer des arguments étayés, construire nos intuitions sur des bases pragmatiques. Il ne s'agit pas d'être rationnel d'une manière absolue, mais notre responsabilité est énorme vis-à-vis de nos clients qui attendent des visions justes. » Être tendanceur ne s'improvise pas. « C'est un métier qui exige une grande culture, un sens aigu de l'analyse, une gymnastique neuronale de tous les instants pour saisir où va le vent », poursuit-elle.

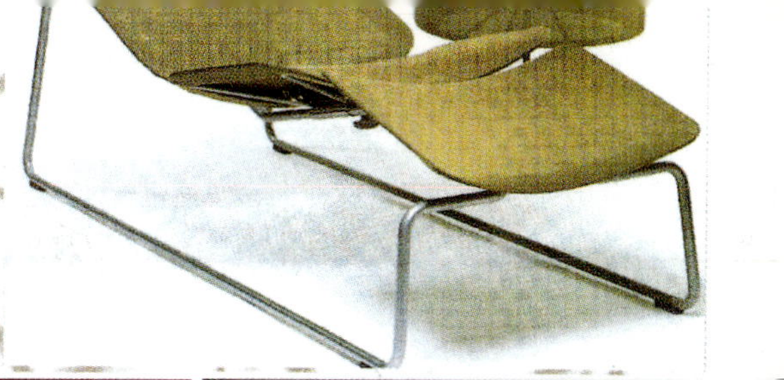

Guetteurs de sens et veilleurs de styles, les tendanceurs doivent « absorber » le monde, l'analyser de manière ténue avec des outils performants sans se départir de leurs intuitions.

Détournement ludique et totalement pacifique, le décor militaire d'un camp de garnison habille les espaces de vente : toile camouflage tendue et linéaires empilables " tirés au cordeau " créent une ambiance de bivouac déclinée en kaki.

With a playful twist and totally peaceful, the military setting of a garrison camp adorns sales areas: stretched-out camouflage canvas and stackable shelf space "as straight as a die" create a bivouac atmosphere featured in khaki.

Holding it Down,New York

Le talent d'un révélateur de tendances
réside dans sa capacité
à synthétiser et à conceptualiser
des phénomènes mouvants.

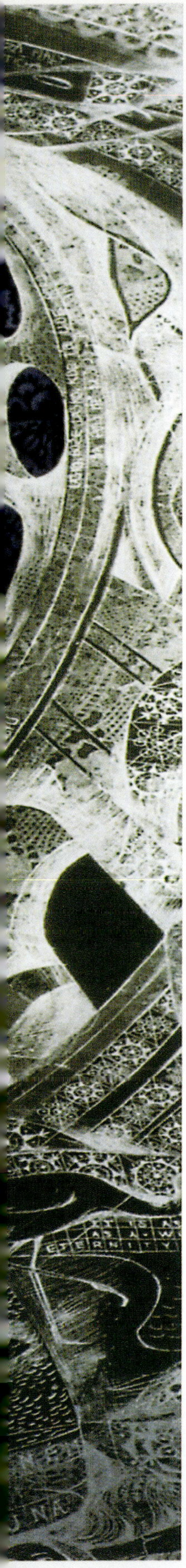

49 Ciel inconnu / Unknown sky

51 Purple potion

52 Black out

53 Matière grise / Gray matter

46 Secret Sugar

47 Rose illusion / Pink illusion

48 Choco addict

INTERDITS
TABOOS

Une fantasmagorie étrange se glisse dans un environnement revu et corrigé par l'imagination. Pas de tabou, pas de contrainte, pas de règle, sinon une liberté quelquefois dérangeante qui transgresse le regard. L'onirisme domine pour nourrir un délire créatif, les représentations symboliques du rêve et du réel, d'hallucinations visuelles, à la frange.

A strange phantasmagoria slips into an environment revised and updated by the imagination. No taboos, constraints or rules, other than a sometimes disturbing freedom that challenges vision. A dreamlike quality predominates to fuel a creative frenzy, symbolic representations of dream and reality and of, visual hallucinations, on the fringe.

COULEURS | COLORS

La palette de couleurs oscille entre le sombre intrigant et le clair brouillé avec une sélection onirique et démoniaque pour jeter le trouble. Des pastels revisités, « vicieux » se mêlent à des teintes angéliques, des blanchis fumés… tranchés par des coloris grinçants, des foncés d'une profondeur dérangeante.

The palette of colors fluctuates between intriguing darkness and blurred lightness with a dreamlike and diabolical selection to stir up trouble. Pastels with a "vicious" reinterpretation mix with angelic hues, smoked and bleached shades… contrasted by grating colors, darks with disturbing depth.

MOTIFS & GRAPHISMES | MOTIFS & GRAPHICS

Une richesse visuelle domine, mais s'exprime dans des jeux de double lecture donnant à voir des ensembles graphiques qui interrogent. Les dessins au trait et les motifs réalistes se mêlent pour inspirer des décors entre rêve et cauchemar, jusqu'à des illustrations passées aux rayons X, des radiographies teintées d'étrangeté.

Visual richness predominates, but is expressed through games of double interpretation leading to graphic arrangements that give food for thought. Line drawings and realistic motifs mix to inspire decoration between dream and nightmare, through to X-rayed illustrations, tinged with strangeness.

La qualité principale d'un tendanceur : avoir un sens aigu de l'observation pour déceler et révéler signaux faibles et tendances lourdes.

GARE AUX CHASSEURS DE COOL !

●

Il marche dans les rues, le regard aiguisé, la démarche suspendue du traqueur à l'affût. L'appareil photo en bandoulière – armé cela va sans dire – et le crayon affûté, il dévisage le badaud, épie les attitudes de la jeunesse, guette la sortie du dernier tube, espionne les lieux culturels interlopes, considère la télévision, le cinéma, la presse… Lui, c'est le « *cool hunter* », le chasseur de cool… Anglicisme étrange qui puise son mystère dans l'esthétique posturale, comportementale des individus, dans leur apparence et dans leur capacité à saisir le « *Zeitgeist* », expression germanique qui se traduit par « l'esprit de l'époque », mise en exergue par les romantiques allemands et récupérée par les *cool hunters*. Chemin tortueux s'il en est !

DES TENDANCEURS IMPROVISÉS

Apparu au début des années 1990, le chasseur de cool est à la fois un éclaireur et un opportuniste qui offre ses services aux grandes entreprises en leur ouvrant la voie des tendances émergentes, notamment celles qui visent les jeunes générations. Une « cible marketing », selon la formule des professionnels, particulièrement observée pour sa capacité à détourner le réel, à s'inventer des mondes imaginaires, à dépenser beaucoup d'argent en gadgets et en produits… à la mode ! Donc par ricochet, à insuffler l'air du temps dans un monde où le jeunisme est l'esthétique mondiale et dogmatique, le seul canon qui vaille. Les tendances sont de moins en moins le fait d'une élite charismatique

S'exhiber, s'exposer, prendre la pose pour être saisi par le cool hunter.

Les gens de la rue ne sont plus seulement des anonymes, ils sont aussi des personnalités qui improvisent et constituent les tendances de demain.

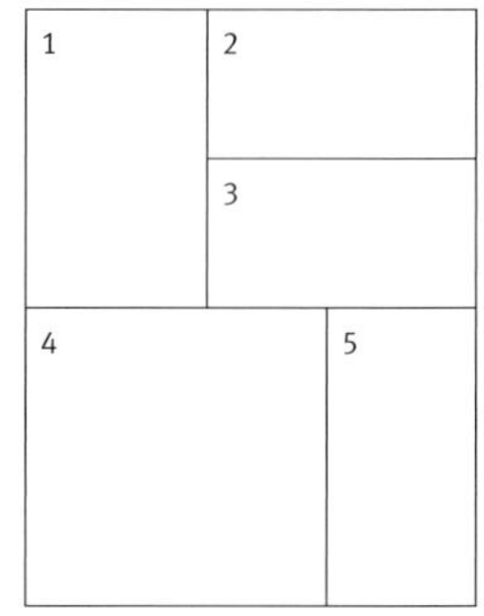

porteuse de sens, elles surgissent des anonymes, bondissent de la rue et rebondissent chez les « tendanceurs », ceux-là même qui explorent la société et définissent les goûts collectifs.

« Ben en fait, le cool hunter, c'est un gars plus malin que toi et moi et qui a compris, lui, que justement, la mode elle est dans la rue, quoi. Et qui prend le pouls de la tendance en immortalisant des looks de vrais gens. [...] Bref, le face hunter, il te shoote que si t'es before the tendance. [...] Un des cool hunters les plus connus, c'est le Sartorialist[44]. Même que je connais une fille qui a été Sartorialisée. Si. [...] Faut dire que ce que j'ai oublié de te préciser, c'est que le cool hunter officie surtout à NY, Tokyo, London et aussi rue de Rivoli[45]. »

Grâce ou à cause en partie des chasseurs de cool, les tendances, ce banal objet qui nous plonge dans l'air du temps, dans l'esprit de la saison, dans le branché et dans l'éphémère de la consommation, sont désormais le fruit des observations d'individus lambda qui « dégagent un style ». Si la définition est un peu courte, elle traduit pourtant une réalité bien tangible sous nos latitudes : la personne s'est caractérisée. Autonome dans ses choix, elle arpente le monde en affichant ses singularités, ce qui n'obère aucunement son esprit moutonnier à suivre la meute. Mais dans un environnement ultra-médiatisé, ultra-ouvert, où les blogs pullulent comme une pandémie narcissique, les marchands et les entrepreneurs, égarés dans le magma des différences et des contradictions des individualités, ont un urgent besoin de balises et de phares pour éclairer leur chemin.

Parce que aujourd'hui les tendances émergent surtout là où on ne les attend pas. Et qu'il faut savoir être partout en même temps. Ce qui laisse le champ libre aux chasseurs de cool et autres tendanceurs qui savent tirer parti de ce vide symbolique, puisant leurs sources chez les anonymes qui une fois « Sartorialisés » peuvent inspirer la « *cool attitude* » que tout le monde suivra... Enfin presque !

Considérés comme des « suppôts d'une société où tout est marchandisation », les chasseurs de cool qui « shootent before the tendance » ont déjà leur contre-pouvoir. Les « *uncool hunters* », les chasseurs de non-cool (*sic*), bataillent ferme pour montrer « tout ce qui ne rentre pas dans le cool ou la culture d'élite ». Leur « manifesto » : devenir une « avant-garde dans la lutte antimondiale des tendances[46] ». Prenant à témoin Salvador Dalí à qui quelqu'un demandait : « Qu'est-ce que la mode ? » et qui répondit : « Ce qui n'est pas à la mode. »

Mais ne pas être à la mode, s'affirmer « *no-trends* », c'est aussi une manière singulière et branchée d'être dans l'air du temps, les temps de la singularité qui se mordent la queue...

44. Scott Schuman est un photographe américain de rues qui photographie les gens, il a créé un blog(http//thesartorialist.blogspot.com/) pour exposer et partager ses images : par sa capacité de « chasseur de style », il est devenu un personnage très influent dans l'univers de la mode.

45. Caroline *in* « Leçons de mode », sur le blog www.penseesderonde.mabulle.com.

46. « The search of antiglobal no-trends » *in* www.theuncoolhunter.com.

Inspira-
tions+
SCÈNE
DE
RUE
STREET
SCENES

street culture

STORE WINDOWS & STREETSTYLE REVIEWS

After shooting thousands of store window and street images monthly, our Global Editors select the important signals to present in The Fashion Office – our primo product development destination! Stylesight is swift to analyze and post thousands of organized fashion images. We're taking it to the streets – join us from the comfort of home or office.

<table>
<tr><td rowspan="3">1</td><td>2</td><td>3</td></tr>
<tr><td>4</td><td>5</td></tr>
<tr><td>6</td><td>7</td></tr>
</table>

Par le biais de blogs professionnels ou de sociétés ad hoc, *Internet est devenu le terrain d'expression des chasseurs (et des anti-chasseurs !) de cool.*

Compte tenu du nombre croissant d'individus qui se targuent de faire les tendances, la mode trouve des inspirations toujours plus fortes, toujours plus fictionnelles.

CLAIROBSCUR PHOTOPRINT
CHIAROSCURO PHOTO PRINT

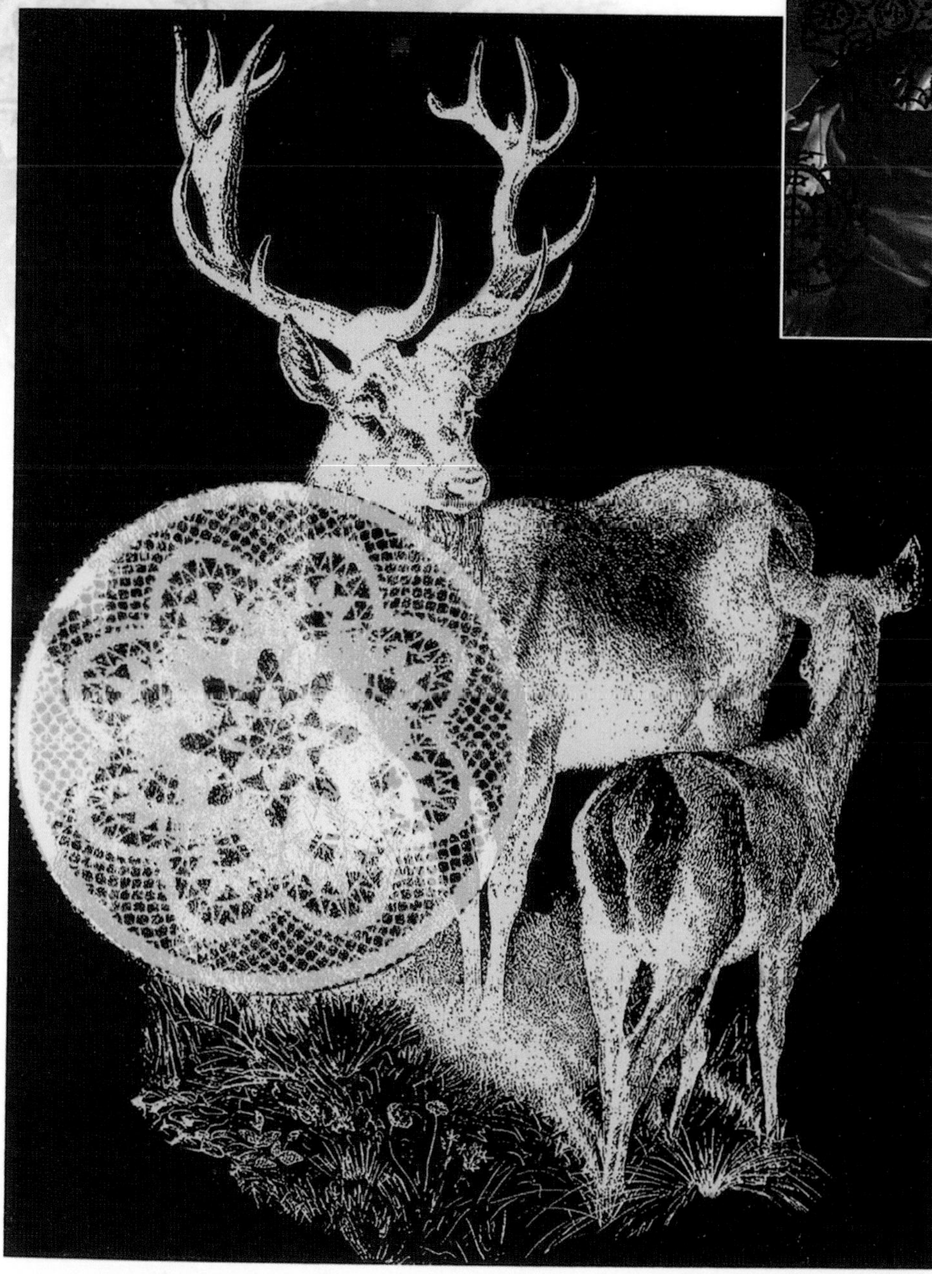

FORÊT MYSTERIEUSE
MYSTERIOUS FOREST

LES «PEOPLE», TENDANCEURS MALGRÉ EUX ?

DANS LE FILM de Federico Fellini, *La Dolce Vita*, tourné en 1960, Marcello Mastroianni incarne un reporter play-boy qui s'intéresse aux stars et aux membres de la haute société; il est accompagné d'un jeune photographe du nom de Paparazzo qui shoote à tout va cette population oisive et fortunée. Le personnage fera florès : les paparazzis s'imposeront comme des figures emblématiques d'une société de l'image en quête de signes qui font sens, même les plus artificiels. Ces chasseurs de stars scrutent, comme les « chasseurs de cool », faits et gestes, manières et manies, travers et tracas, postures et postiches des célébrités « tendances », de celles qui dominent la scène médiatique, de celles qui captent l'intérêt des masses.

FASCINATION, ATTRACTION, AFFECTION

Pour une célébrité, être tendance implique de dégager un « glamour capillaire ». Il faut être suivi par l'individu lambda et si possible être un initiateur, à l'origine d'une nouvelle esthétique (même réchauffée cela dit) qui emportera les suffrages. Son succès tient principalement dans sa capacité à mobiliser les foules qui s'approprient cette touche personnelle pour être dans le coup, dans le vent, dans le *mood*, l'humeur, l'engouement du moment. Un emballement éphémère évidemment parce que l'attitude d'un jour doit disparaître le surlendemain ou presque, balayée par une nouvelle manie pour alimenter les frénésies exaltées de la

À GAUCHE : *Le pouvoir attractif des stars charismatiques nourrit le système des tendances.*

DOUBLE PAGE SUIVANTE : *La horde furieuse des paparazzis a transformé stars et personnalités en pourvoyeurs de tendances.*

La vie des « people », leur apparence, leur façon d'être ouvre la voie à des effets de mode de grande ampleur, à des identifications par mimétisme.

société de consommation. La démultiplication des images qui déferlent sur nos écrans numériques ajoute de la fureur à cette folie générale, cette passion du nouveau qui nous dévore.

DES STARS TIRÉES PAR LES CHEVEUX

J'évoquais le « glamour capillaire » : les cheveux sont en effet pour une star un formidable vecteur de propagation de tendances pour qui veut la suivre sans perdre la tête. Rappelez-vous mademoiselle de Fontanges et ses boucles en jarretières : une mode qui dura vingt ans. Une longévité aujourd'hui impensable, car la vie et la mort des tendances passent à une vitesse fulgurante avec une accélération graduelle.

Le star-system développé à Hollywood au début du siècle dernier, formidable mécanique à créer de l'empathie fictionnelle, a amorcé la pompe du « glamour capillaire ». De Louise Brooks, la fille au casque noir, à Marylin Monroe, la blonde angélique et sulfureuse, le cinéma passe du noir au blond, à la star oxygénée, en passant par une pléthore de monstres sacrés qui ont su gagner les cœurs du public d'un simple coup de peigne. Le développement des cosmétiques va ouvrir une voie triomphale à des vagues de clonages

populaires. Grâce à des personnages comme Eugène Schueller, un jeune chimiste français qui, en 1907, va mettre au point une formule de synthèse pour des « teintures inoffensives pour cheveux ». Ainsi, les petites femmes du monde pourront singer les grandes dames de l'écran. (Les petits messieurs aussi !)

La découverte d'Eugène Schueller donnera naissance au groupe L'Oréal en 1939, un champion mondial de la beauté et de la coiffure qui utilise très largement le « glamour capillaire » des stars pour promouvoir ses produits. Un juste retour des choses, « parce qu'elles le valent bien »...

L'identification marche à plein, les cheveux sont un matériau malléable que tout le monde possède (ou presque). Que l'on soit riche ou pauvre, laid ou beau,

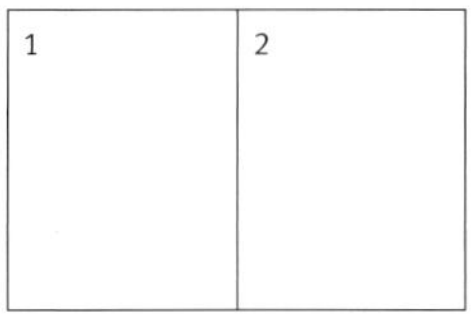

Aujourd'hui, personne n'échappe au phénomène : artistes, sportifs, intellectuels, politiques... sont scrutés, décryptés et avalés par le système des tendances.

homme ou femme, il est aisé d'un coup de ciseau ou d'un bain de couleur de se métamorphoser et d'adopter la coupe Lady Di qui a marqué les esprits en 1981 ; le crâne rasé (radical !) de Fabien Barthez en 1998 après que la France eut gagné le Mondial de football ; la coupe mohawk de David Beckham, le « métrosexuel du nouveau millénaire » lors de la Coupe du Monde de football de 2002, avant qu'il ne passe au blond platine.

Sans parler des extensions de Paris Hilton, blonde souvent moquée, toujours imitée, qui cherchait sans doute à prendre de l'épaisseur avec ces ajouts ; ou celles en pétard de Bill Kaulitz, le chanteur du groupe Tokio Hotel, extensions qui renforcent encore son aspect enfantin qui plait tant aux groupies. Ou encore Britney Spears dont l'hystérie capillaire (et l'hystérie tout court) fait le bonheur des paparazzis : quand elle ne se rase pas le crâne, elle affiche des perruques improbables qui n'ont pas toujours l'heur de séduire ses fans.

Largement moins coûteuse qu'une robe haute couture ou un sac à main de luxe, une coupe de cheveux autorise tous les débordements en se garantissant une identification avec le « people » en vue, en s'assurant une mise à la norme du moment et en évitant une forme d'exclusion sociale : être à la mode c'est aussi et surtout s'intégrer, se glisser dans les habits de son temps et les cheveux qui vont avec. Et ça marche : plus de 60 % des femmes dans le monde changent la couleur de leurs cheveux... pour être à la dernière mode !

Numéro
59
KARL LAGERFELD
Interviewe Tom Ford
ROBERT FRANK
Rencontre exclusive
RUSS MEYER
Le saint des seins
WHAT IS SEXY ?
Selon Gisele Bündchen
48 HEURES AU RITZ
Fantasme
DECEMBRE 2004-JANVIER 2005

JEU D'INFLUENCES SUR PAPIER GLAÇANT

●

Aux États-Unis, on les appelle les « *influential editors* », des rédactrices de mode qui font et défont les tendances, les manières, les carrières, les garde-robes…, décrétant le bon goût (et le mauvais) comme à une messe !

DE REDOUTABLES PAPESSES

Elles se nomment Carmel Snow à la tête du *Harper's Bazaar* jusqu'en 1958, Diana Vreeland qui a travaillé dans le même magazine et au *Vogue* américain, Carrie Donovan en charge des pages Style au *New York Times Magazine*, Liz Tilberis à la tête de la mode du *Vogue* anglais… Des personnalités qui, dès la fin des années 1940 et pendant les Trente Glorieuses de la consommation mondiale, ont fait trembler le microcosme de la mode et du style. Sûres de leur fait, ces femmes, à l'esprit affûté et au tempérament de régnantes, ont jeté un œil acéré sur les collections de mode et ont saupoudré leur entourage de commentaires pointus que « tout le monde » attendait à longueur de pages glacées de leurs magazines.

Aujourd'hui, Anna Wintour à la tête du *Vogue* américain (qui a inspiré le personnage caricatural du livre de Lauren Wesiberger, *Le diable s'habille en Prada*), considérée comme l'archétype de l'*influential editor* à la fois « despote et prêtresse de glace », selon ses contempteurs, Carine Roitfeld son homologue au *Vogue* français, Suzy Menkes de l'*International Herald Tribune*, Nicole Picart du *Madame Figaro*, Babette Djian

À gauche : *Les magazines révèlent les tendances émergentes mais les fabriquent aussi.*

Double page suivante : *Véritables monstres sacrés, Diana Vreeland ou Carine Roitfeld, ici avec Tom Ford, ont su exercer un pouvoir de premier plan dans de grands magazines. Et au-delà.*

directrice de la rédaction de *Numéro*, Kappauf fondateur de *Citizen K*, Marie-José Eymère-Jalou directrice de publication de *L'Officiel de la Couture*, Patrick Cabasset rédacteur en chef mode du même magazine, Alexandra Senes *editor at large* de *Jalouse*, Laurence Benaïm fondatrice de *Stiletto*, et quelques autres encore, ont bien compris leur rôle d'agents d'influence dans une sphère médiatique qui construit les opinions planétaires à grands coups de rumeur et de propagande.

De tout temps, la presse a aligné des informations passées au tamis de la subjectivité, au filtre d'une réalité maquillée pour faire écho aux attentes émotionnelles des foules. La presse est le reflet du spectacle du monde, un reflet déformé par des autorités qui instillent et installent le prêt-à-penser des tendances. Ainsi, *Numéro* s'annonce comme un magazine qui « examine de manière pointue et internationale tous les territoires de la créativité et de la culture : mode, beauté, lieux de vie, architecture, design… pour détecter les grandes tendances de demain, les valeurs montantes, les personnalités qui deviendront icônes. *Numéro* se veut précurseur. » Être cité dans un article est une bénédiction, être photographié est une profession de foi, être décrié est une entrée au purgatoire, avant l'enfer de l'anonymat.

Ces gens de pouvoir savent ce qui est et ce qui n'est pas, ce qui doit être et ne doit pas être, ce qui va et ne va pas, ce qui est démodé et ce qui ne l'est pas. Et plus encore qui est un tocard et qui est digne d'entrer au panthéon de la tendance. Leurs critiques tombent tel le couperet de la guillotine sur la tête du « *has been* » marqué au fer rouge. Une marque d'autant plus redoutable aujourd'hui dans un système médiatique instrumentalisé où le flou règne entre l'information et la communication. Les agents d'influence cultivent le copinage, œuvrant souvent comme agents doubles au service des grands magazines et des clients, annonceurs publicitaires de ces mêmes supports de presse.

Carine Roitfeld qui a « toujours été là où il fallait être, qui est celle avec qui il faut compter », est dès lors un agent d'influence aux contours élastiques. Muse de Tom Ford alors chez Gucci, styliste du photographe « *up to date* » Mario Testino, elle a réalisé des séries de mode pour de grands magazines et des photos publicitaires pour des marques comme Yves Saint Laurent, Calvin Klein, Versace et bien d'autres. Sans oublier Gucci. C'est elle, avec Ford et Testino, qui a insufflé la tendance « porno chic » qui devait marquer la fin des années 1990. Ce trio infernal a pendant plus d'une décennie influencé les tournures à la mode en fabriquant les mouvements et en les diffusant largement. Une tendance n'a de sens que si elle est suivie par la masse, mondialement suivie, et pour cela, rien de tel que le puissant porte-voix de la presse.

Plus qu'un support de presse, des magazines prestigieux comme Vogue *sont des bibles choyées pour qui veut appartenir au cercle fermé des initiés, de ceux qui savent ce qui est à la mode et ne l'est pas.*

VOGUE
APRIL
$3.00
100TH
ANNIVERSARY
SPECIAL
04
37132
0 751164 6

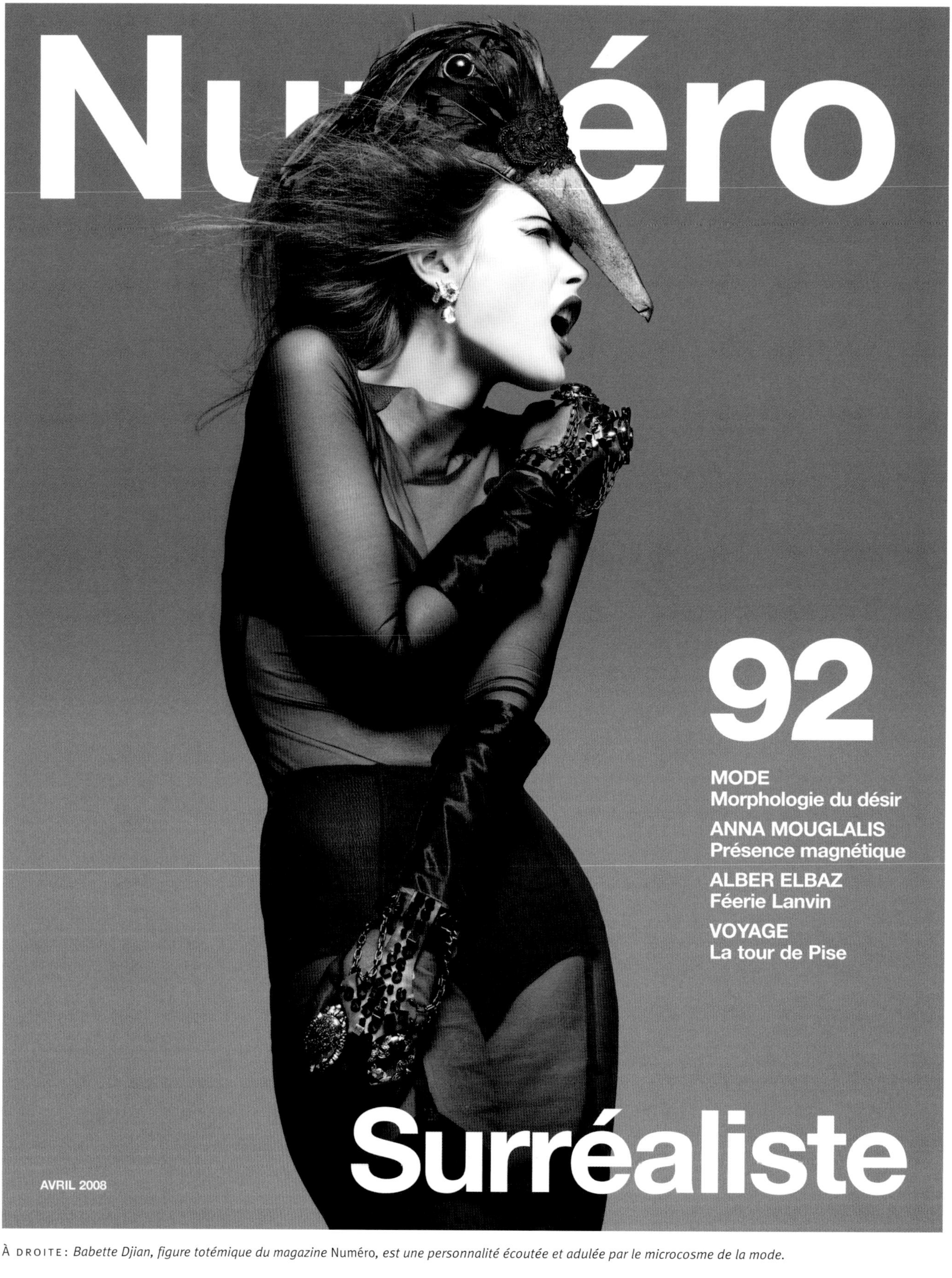

À DROITE : *Babette Djian, figure totémique du magazine* Numéro, *est une personnalité écoutée et adulée par le microcosme de la mode.*

ISSN 0758 2552
ЖИЛЬ
ВОСТОК
N° 6 - PRIX 20 F

La presse magazine demeure un espace d'influence de premier plan : ce qui est écrit et montré est « parole d'évangile ». Elle participe très largement au processus de définition et de valorisation des tendances « à la pointe ».

wallpaper*
*The stuff that surrounds you
special edition 1998
too much is
never enough
[wallpaper*100]
3.40 UK $6.95 US
interiors * entertaining * travel

PRESSE EN MARGE POUR BRANCHÉS PLANÉTAIRES

La presse de mode est de fait le catalyseur influent des tendances. Mais une presse quelquefois marginale, très souvent *underground*, tient un autre pavé et s'adresse aux tribus émergentes des branchés de la contre-culture justement et surtout pas à la culture de la mode et du luxe.

DES FANZINES AUX MAGAZINES

Les communautés musicales ont engendré des supports d'expression de la « branchitude », comme *Disco Revue*, éphémère magazine spécialisé dans le rock (entre 1961 et 1967), ou *Salut les Copains* lancé en 1962 : Franck Ténot et Daniel Filipacchi, annonciateurs des mouvements pop sur Europe 1 à l'époque, ont eu l'idée de créer un journal représentatif de la génération yé-yé. *Actuel* qui a commencé par s'intéresser au jazz à sa naissance en 1968, devient deux ans plus tard sous la houlette de Jean-François Bizot, une sorte de fanzine de la culture hippie qui s'évanouira dans la fumette de ses excès et de son ennui ; un magazine très engagé qui fera le lit de la gauche caviar des années 1980 et des bobos actuels, indignes héritiers de l'esprit libertaire, devenus des conservateurs qui se vautrent aujourd'hui dans les pages de *Wallpaper*.

Lancé en 1996, ce magazine anglo saxon « a innové dans le domaine des codes visuels, proposant une esthétique *Lounge*[47] », un promoteur faussement

Promoteur de l'esthétique mondiale, le magazine anglais Wallpaper *s'adresse à l'élite cosmopolite.*

47. Guillaume Erner, *op. cit.*

Des magazines comme Jalouse *traitent des futilités de la société de consommation et révèlent les phénomènes et les attitudes qui réaffirment la position sociale des branchés.*

décontracté et très convenu de la *cool attitude*. L'archétype parfait du « *coffee table book* » tendance qui signale à qui veut le voir qu'on appartient à l'élite cosmopolite toujours *jet lag* : en décalage horaire certes, mais jamais en décalage de tendances !

Portées par une jeunesse en ébullition qui enfin avait le droit de l'ouvrir, les années 1960 ont été très prolifiques en journaux et magazines qui revendiquaient un ton et une imagerie avant-gardistes. Ils fédéraient « un brassage annonciateur des changements en cours [48] », véritables filtres à tendances tout en étant eux-mêmes lanceurs de mouvements, et jouaient un rôle de dynamite sociale très enthousiasmant. À l'instar du magazine *Interview* d'Andy Warhol qui, à New York depuis 1969, distille les postures (et les impostures) philosophiques, musicales, artistiques… et la vie flamboyante des « people ». Tout comme le français *Façade*, éphémère copie parisienne de 1976 à 1983 d'*Interview* [49] qui fascine les noctambules interlopes et les « modeux ». Ou l'anglais *ID* qui relaie les esthétiques d'une époque, valorise et publicise les nouveaux cultes de la société de consommation.

Sans parler du très sélectif et très créatif *Égoïste* dont les rythmes de parution particulièrement fantaisistes (« Spasmodiques ! » déclare Nicole Wisniak, sa fondatrice) créaient une tension d'impatience chez les branchés avec seulement 15 numéros parus en un peu moins de trente ans. Ou du défunt *Phénomène* qui, dans les années 1980, trahissait la futilité bouillonnante d'une décennie dont les tendances s'accrochaient aux basques de l'argent facile des yuppies. Le quotidien *Libération* l'a aussi été pendant deux décennies ; aujourd'hui débranché et vieilli, il s'épuise à se réinventer, en vain, faute d'avoir vu que le monde avait changé et ses lecteurs aussi. Les branchés sont sans pitié, en l'absence de nourritures tendancieuses à la table sociale des jeux d'influences, ils tuent le père pour se faire adopter par un autre. Plus jeune, toujours plus jeune parce qu'une tendance jamais ne doit vieillir !

48. Guillaume Erner, *op. cit.*
49. Ce magazine mythique renaît de ses cendres, avec la sortie annoncée d'un numéro 15.

Le quotidien Libération a perdu de sa superbe, mais il a été longtemps un support « tendance » très apprécié par les annonceurs.

5 F • LUNDI 9 FEVRIER 1987

NOUVELLE SERIE N° 1780

Libération

GORBATCHEV ENTROUVRE LE GOULAG

Quarante-deux détenus politiques libérés au cours des derniers jours : c'est la plus importante mesure de clémence à l'égard des opposants depuis Khrouchtchev et la déstalinisation. Une opération spectaculaire qui confirme que Gorbatchev tient bien les rênes du parti. Lire page 14.

HAVAS ET HACHETTE RENONCENT AU RACHAT DE LA CHAINE

TF1 : LA
EST TROP

L'agence Havas a renoncé hier, en accord avec son partenaire Hachette, à sa candidature pour le rachat de TF1. Après avoir refait tous leurs calculs, les deux groupes en sont arrivés à la conclusion que le prix demandé par le ministre de l'Economie et des Finances ne permet pas de rentabiliser la chaîne avant la fin des dix années d'autorisation fixées par la loi votée en automne. Ce désistement met en péril les projets de privatisation du gouvernement. Lire page 2.

LIBÉRATION SE MET AU BLEU

Aujourd'hui le Club Méditerranée débute une nouvelle campagne publicitaire. Il a, sur une idée de l'agence RSCG, enveloppé l'information de bleu. Après trois mois de préparation, avec soixante-dix tonnes de papier spécialement fabriqué, le Club Med vous en fait voir de « tous les bonheurs »... En une seule couleur.

LES COURANTS DU PS À L'UNISSON

Une nuit blanche et beaucoup de périphrases : les courants du Parti socialiste sont parvenus à la synthèse avant leur congrès de Lille. Mitterrandistes et rocardiens sont satisfaits, estimant avoir bien travaillé pour leurs champions. Lire p 4.

FRANCE-GALLES : TROP DE CHANDELLES PEU DE LUMIÈRE

En battant les Gallois par 16 à 9, les Français ont ouvert le bal du Tournoi des cinq nations. Cette victoire essentiellement due à la vitalité des trois-quarts n'a pas masqué une panne générale d'imagination. Lire page 38.

LES MAUVAISES TRACES DU SKI FRANÇAIS

Les Français rentrent bredouilles des championnats du monde de Crans-Montana. Loin d'accabler les entraîneurs, deux économistes sont allés chercher les raisons sociales de cette crise. Entretien. Lire page 35.

M 0135 - 0209 0- 5,00 F

3790135005007 02090

ANTILLES-REUNION 8 F • ALGERIE 2,50 D.A. • ALLEMAGNE 2 DM • AUTRICHE 18 Sch • BELGIQUE 34 F • CAMEROUN 425 CFA • CANADA $ 1.60 • COTE D'IVOIRE 350 CFA • DANEMARK 10 Kr • EGYPTE 2 L • ESPAGNE 140 Ptas • ETATS-UNIS $ 1.35 • FINLANDE 8,50 Mk • GABON 400 CFA • GRANDE-BRETAGNE 60 P • GRECE 120 Dr • ITALIE 1 800 L • LUXEMBOURG 34 F • MAROC 5 Dh • NORVEGE 10 Kr • PAYS-BAS 2,25 Fl • PORTUGAL 130 Esc • SENEGAL 375 CFA • SUEDE 11 Kr • SUISSE 1,90 F • TUNISIE 500 M

LES LEADERS

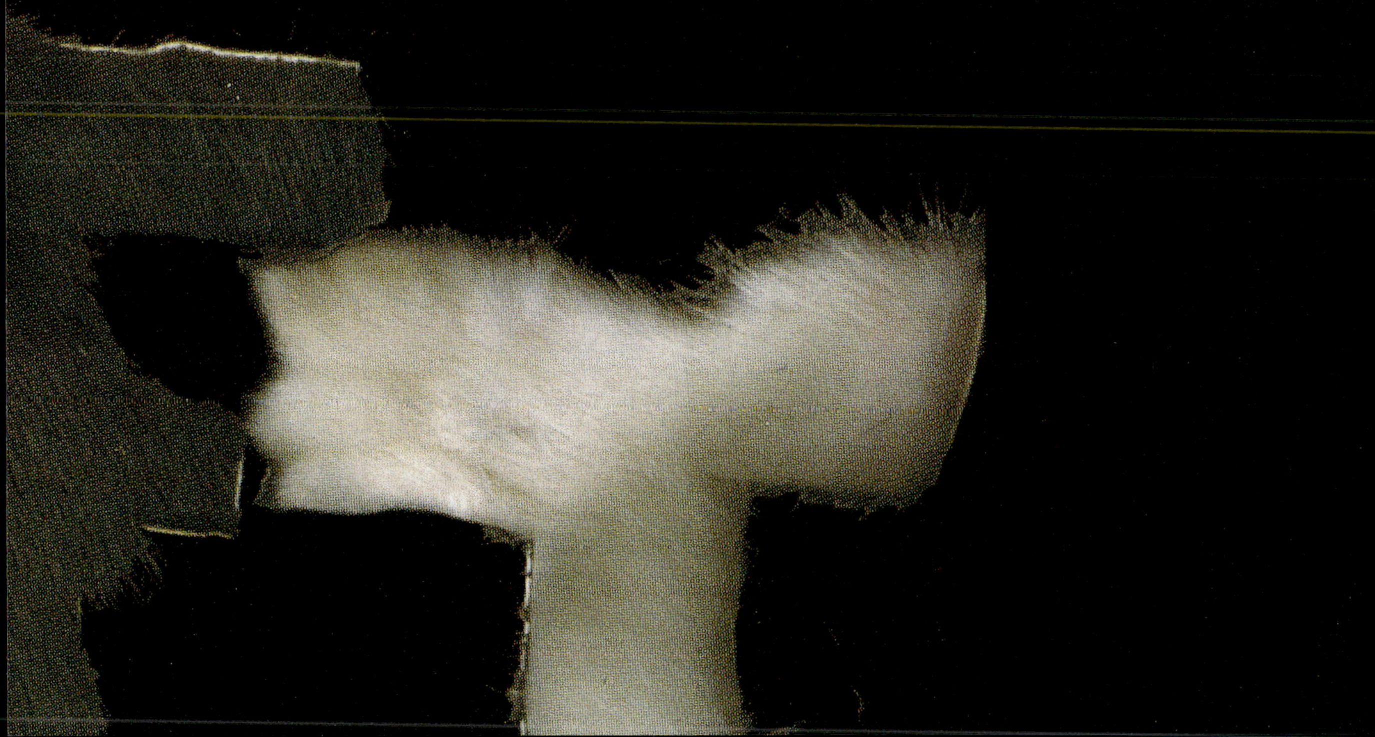

-ROOM.COM
CHAPTER-ROOM.COM

DANS LA NUIT DES TEMPS, LES HOMMES ONT TOUJOURS CHERCHÉ À ORGANISER LE MONDE, À S'IMPOSER EN GUIDES DESPOTIQUES des goûts et des manières. Les « dictateurs » d'hier ont laissé leurs marques : on parle encore des styles Louis XIV ou Napoléon Ier, occultant par là même les artistes et les artisans qui les ont véritablement créés.

Puis arrivèrent les gourous qui ont façonné le nouveau monde de la consommation en martelant leurs visions empiriques, pour ne pas dire subjectives, mais qui ont permis de conditionner eux aussi les goûts et les manières avant de se transformer en lecteurs pertinents des mouvements de la société. Capables de faire un tri sélectif et une analyse du flot d'informations, ils sont devenus des « rapporteurs » des évolutions socioculturelles, démographiques, politiques, économiques..., sachant alpaguer les usages et les attitudes des individus lambda.

Vinrent ensuite les tendanceurs, anonymes et opportunistes, observateurs patentés et autres ethnosociologues virtuoses qui scrutent leurs contemporains jusqu'aux confins de leur intimité pour mieux y trouver ce qui va animer leurs envies. Désormais les tendanceurs sont partout. Et tout le monde peut se dire ou se croire un influenceur, un phénomène qui ne va faire que s'accélérer grâce ou à cause d'Internet.

La Grande Toile virtuelle a un impact grandissant sur nos façons de penser, d'être, de voir, de parler, de vivre... De nombreux observateurs l'affirment, dès « 2010, près de 70 % des contenus en ligne seront produits par des individus et non des organismes institués[50] ». D'après Tim Berners-Lee, le fameux WWW (*World Wide Web*) qu'il a inventé, est en passe de se métamorphoser en GGG, en *Global Giant Graph*, Graphe Global Géant en français – comprenez, un gigantesque réseau interactif animé par les internautes eux-mêmes qui passent au-dessus des médias officiels, des institutions, de tout ce qui est animé par l'establishment. Résultat, il va être de plus en plus difficile d'imposer des tendances à des individus qui rejettent toute idée de manipulation officielle et ne cherchent à s'identifier qu'à travers un réseau de relations et d'influences tissé *via* le GGG.

Pour autant, d'autres porteurs de croyances vont apparaître et se développer. Ce sont les artistes, les designers, les créateurs de tous horizons, des personnalités intuitives et visionnaires qui ont une capacité à organiser le monde à leur image, à s'affirmer en mentors des goûts et des manières. Non pas d'une façon dictatoriale comme les gouvernants d'hier, mais grâce à leur puissance communicante à se faire voir comme des prophètes aux yeux du grand public, de la masse et non des seules élites. Ces personnalités, en situation d'auteurs, se sont mises à l'abri des tendances puisqu'elles se projettent dans des imaginaires, des utopies qui dépassent les effets de mode pour proposer de nouvelles vérités, « leurs » vérités.

Ces leaders d'opinion (ne devrait-on pas dire ces faiseurs d'opinion ?) occupent déjà et de plus en plus le terrain médiatique, mais ils vont prendre davantage le pouvoir. Grands timoniers de l'esthétique mondiale, ils savent, grâce à un ego parfaitement calibré, émerger du brouhaha général, de la confusion de sens pour se faire voir, se faire entendre. Face à l'immense accumulation de tendances et d'informations qui nous envahit, ils réinventent les modèles du seul fait de leur charisme publicitaire qui enrôle moutons et mutins.

DOUBLE PAGE PRÉCÉDENTE. *Le nouveau millénaire a fait entrer les conseils en tendances dans une troisième dimension, celle de la complexité.*

À GAUCHE : *La Grande Toile virtuelle, espace infini de toutes les expressions individuelles et collectives* via *les blogs, rend accessibles les tendances en temps réel.*

50. Gérard Laizé, Frédéric Loeb, *Domovision 2008-2013*, Éditions Via.

Les temps actuels sont ceux de l'émancipation absolue (ou du moins supposée telle) où chacun tente d'exister dans une mutinerie permanente, ce qui complexifie l'appréhension des tendances.

LUMINESCENCE

TRAINÉE DE LUM
LUMINOUS T

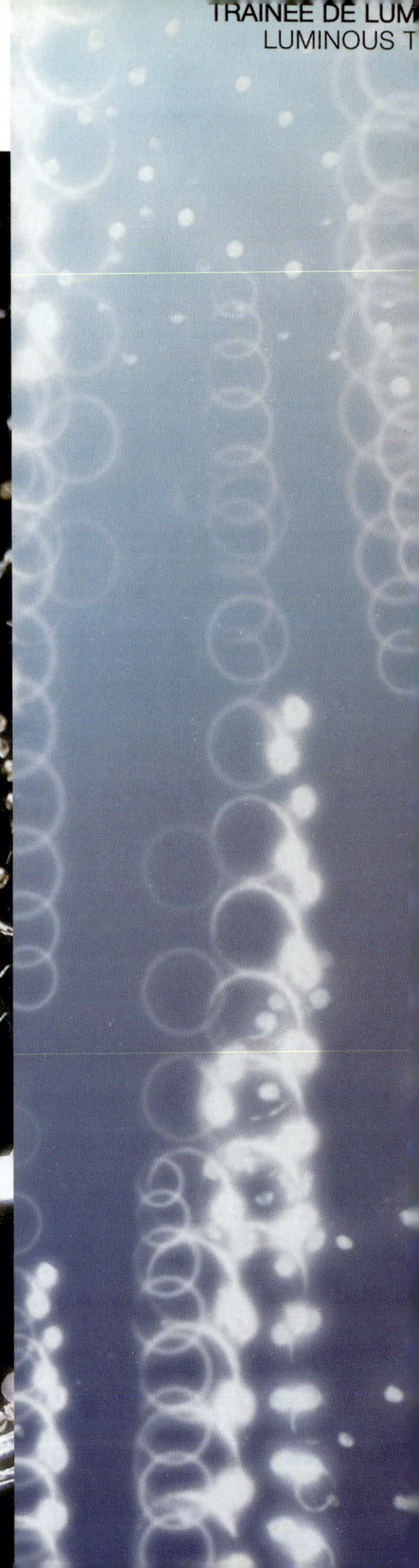

LUMIÈRE TROUBLE
MISTY LIGHT

Les tendances sont partout,
mais l'important
est toujours de saisir celles
qui vont nourrir l'imaginaire
de la consommation,
et celles-là seulement.

AMERICAN SUPPLY *

MOTIF SUR IMPRIMÉ DE NACRE
MOTIF ON MOTHER-OF PEARL PRINT

MODERN RECORDS
freesession
melody deep spirit tracks
Jazz Sound Band
Free Session
Happy MoonBlues Melody Deep Spirit Tracks
blues melody deep spirit tracks
modern records
Blues Melody Deep Spirit Tracks
Unconventional Music
Jazz Sound Band
Free Session1
Free Session 2

LES PRINCES DU TUBE

Provocant et mordant, saccadé et haché, le rap glisse de la culture africaine vers le phénomène hip-hop américain et s'émancipe en inventant un genre. Sugarhill Gang en aurait été le précurseur en balançant sur la planète musicale « *Rapper's Delight* », le premier tube rap mondial en 1979. Des ghettos noirs à l'« *Universal Zulu Nation* », les rythmes du rap se déclinent dans les quartiers défavorisés de New York et ses banlieues où des artistes précoces organisent des « *block parties* » (des fêtes de quartiers) qui rassemblent danseurs, grapheurs, tagueurs, DJ (disc-jockey), MC (*Master of Ceremony*, le rappeur) et rebelles qui martèlent leur exclusion en s'agitant à coups de scratches *funky* comme exutoire à leur mal-être.

LES RAPPEURS DONNENT LE RYTHME

Dans les années 1990, le mouvement s'accélère et se mondialise amplement. Les textes aiguisés comme des lames meurtrières de Wu-Tang Cla, Dr Dree, Snoop Dog ou NWA installent définitivement le profil grave et revendicatif du rap. Un rap belliqueux jusqu'à devenir assassin. « Le gangsta rap fait son apparition et l'ambiance devient plutôt malsaine, on parle de flingues et d'embrouilles, on donne dans l'égotrip[51]. » La déferlante rap gagne les banlieues du monde entier, elle s'affine, s'enrichit, se segmente au

À GAUCHE : *Depuis la « naissance » de la jeunesse, la musique est un vecteur majeur d'émergence et de propagation des tendances.*

DOUBLE PAGE SUIVANTE : *Wu-Tang Cla et Lil'John affichent des attributs ostensibles de leur appartenance musicale qui deviennent des emblèmes « tendancieux ».*

51. Clément Bailleul *in* www.rap2France.com.

Hustler
CRUNK

Comme ses devanciers, Snoop Dog tient le haut du pavé « tendancieux » en se muant en pourvoyeur d'influences.

fil des décennies, se délite aussi. Les puristes dénoncent la récupération par les majors du disque qui façonnent des tubes lissés pour les oreilles puritaines, pour le *vulgum pecus*. « On assiste alors malgré les ventes et la popularité à une sorte de crise du rap. Les Américains se tirent dessus et se déchirent au détriment de la qualité et de l'innovation, tandis qu'en France le rap est kidnappé par les maisons de disque qui exploitent certains rappeurs pris dans l'engrenage du succès et de l'argent[52]. »

Comme un écho indispensable à sa percée identitaire, ce mouvement musical a tracé la voie de la mode de la rue qui se reflète dans le miroir de la culture urbaine. Le *streetwear* déballe sa décontraction esthétique avec des survêtements larges de sport et des baskets de

52. Clément Bailleul, *op. cit.*

compétition pour laisser bouger le corps, sans contrainte. Le flou et le mou permettent de s'adonner à la *break dance* : « se fendre, se casser, se disloquer ou partir en vrille sur les ruptures du tempo (les breaks), chacun essayant d'en jeter un maximum [53] ».

Les faiseurs de mode et les tendanceurs d'alors observent ce mouvement vestimentaire, ces manières d'être qui se peaufinent au gré des rappeurs plus ou moins exhibitionnistes, cherchant à se différencier. Une observation en vue d'une récupération pour offrir aux jeunes générations du monde entier les mêmes panoplies, les mêmes aspects, les mêmes attributs. Très vite, le look rap devient la référence tendance, le mouvement en vogue. « Au grand désespoir de millions de parents, chaque môme se devait d'avoir le parka avec la capuche et le logo de la marque cousu sur le devant, et surtout LA paire de baskets super chères [54]. »

Ces clones anonymes irritent les intégristes qui n'apprécient guère d'être pillés par l'industrie de la tendance et du chiffon. C'est la fuite en avant : « créer de nouveaux looks et de nouveaux labels pour refléter leur réelle identité culturelle et toute une série de nouveaux styles qui, eux-mêmes, collaient à l'évolution de la musique rap [55] ». Et… « en jeter un maximum ».

Ainsi, les rappeurs renouent avec leurs racines : être vu, remarqué, reconnu. Sans oublier d'en rajouter une couche bien épaisse et bien rutilante. Les maîtres sapeurs, cadors noirs de la sape classe, de la fringue chic, vêtus de toilettes tirées à quatre épingles, ornementées d'accessoires raffinés, spécialistes de la parade vestimentaire vont donner l'exemple. Les rappeurs poussent cette esthétique en associant des vêtements de sport toujours et des vêtements de luxe, l'ensemble amplement logotypé de sigles tape-à-l'œil. « Ajoutons à cela de la quincaillerie bien clinquante (bijoux en or, lourds colliers convergeant sur d'énormes médailles avec le signe dollar, surnommés les *Dukie Ropes*), puis par la suite, les coupes de cheveux super nettes, très très courtes, incluant parfois d'incroyables figures dessinées au rasoir [56]. »

Sans oublier l'automobile de luxe, décapotable évidemment pour parader comme un héros, le recrutement de filles tout en cuisses et en seins, le cognac comme boisson flamboyante, une fine eau-de-vie dont la robe rappelle la profondeur de l'or, toute une vulgarité affichée de nouveau riche qui donne naissance au style bling-bling porté par un média de masse : MTV, la vitrine télévisée de la musique qui touche plus de 300 millions de jeunes à travers le monde.

Après une période d'excès et de lassitudes, le bling-bling estompe ses mille feux, pour renaître à l'aube du nouveau millénaire (le nôtre), rallumé par le rappeur-producteur afro-américain Lil'John, haute figure du crunk, une variante du rap, dont le nom viendrait de la contraction de *crazy* (fou) et de *drunk* (ivre). Parce que la musique comme les fringues sont entrées dans

53. Ted Polhemus, *Looks d'enfer*, Éditions Alternatives, 1995.
54. Ted Polhemus, *op. cit.*
55. Ted Polhemus, *op. cit*
56. Ted Polhemus, *op. cit*

CREATION CARLIN

SKATE OR DIE

Découpes, surpiqûres, zips, sangles, effets froissés…Tout se mélange et s'accumule rien que pour le look. A noter, l'arrivée de nouvelles matières dans le sport telles que le cuir dans un effet vieilli craquelé.

Seaming, topstitching, zippers, webbing, creased effects… Everything is mixed and layered just for the look. Note, the arrival of new materials in sportswear, such as leather with a crinkle effect.

05
02
03
08
01

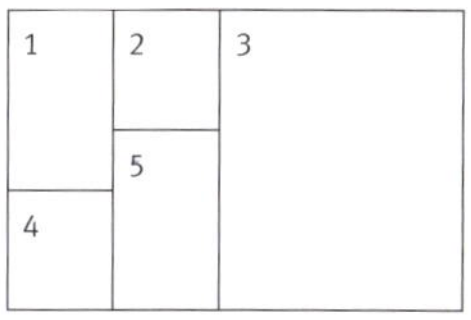

Des cahiers de tendances aux marques de mode, les courants musicaux alimentent des productions qui séduisent les jeunes générations.

les roulades accélérées de la tendance, une course à la nouveauté pour démoder les rythmes et en imposer d'autres, encore plus nouveaux, encore plus branchés. Des musiques comme le jazz ou le rock ont pris leur temps pour installer leurs « beats », mais depuis l'apogée du disco, les partitions s'emballent et se démodent dans la ferveur des tendances.

Personnage excessif et triomphant, Lil'John est de ces accélérateurs de mouvements. Prince du bling-bling, il est aussi connu pour porter « le bijou le plus cher et le plus volumineux du monde » selon lui, une imposante chaîne en or où pend un énorme médaillon sur lequel on peut lire « *crunk ain't dead* », le crunk n'est pas mort… Pas encore, en attendant d'être tué par une nouvelle tête d'affiche.

Fanning
2007 World Champion

Ecko Unltd
1972

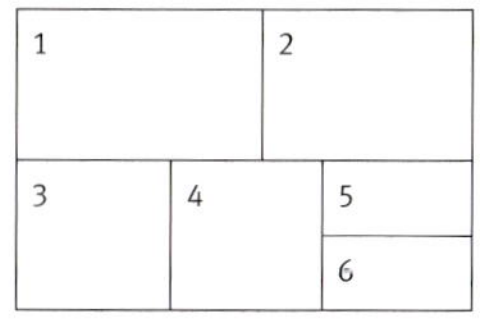

Les marques de modes urbaines et de sport ont bien compris la nécessité d'alpaguer, détourner et s'approprier les tendances musicales pour s'inscrire dans le mood *ambiant.*

LES EMPEREURS DE LA LIGNE

Il aura tout fait : des pâtes, des brosses à dents, des poignées de portes, des meubles, des lunettes, des ordinateurs, des téléviseurs, des appareils ménagers, des bouteilles, des montres, des bateaux, des motos, des autos, des vélos, des hôtels, des restaurants, des résidences particulières… Multicartes talentueux, Philippe Starck est l'archétype du leader d'opinion qui a su très tôt intégrer l'art de la manipulation teintée de démagogie et de fanfaronnade, d'intellectualisme et de justesse de ton. « Il aura inventé, dès la fin des années 1970, la dimension communicante du designer, repérant très vite le troisième pouvoir que constituent aujourd'hui la presse et les médias. Il a orchestré sa visibilité, l'accompagnant de projets à fort potentiel de communication, même si leur pertinence ne s'est pas toujours avérée[57]. » Pour tenir le haut du pavé médiatique et « être dans la mode », créer le goût, l'esthétique de son époque, Philippe Starck a toujours su l'importance de l'impact publicitaire au-delà et même souvent loin de l'objet qu'il propose. « Le design ne m'intéresse pas, déclare-t-il. Le design pour le design n'a aucune légitimité. Il faut qu'il soit l'application d'une idée, d'une vision, un véhicule pour parler, comme je l'ai toujours fait, de politique, de biologie, d'astrophysique[58]… »

Philippe Starck, haute figure du design, a su très tôt s'emparer de la puissance médiatique pour imposer ses points de vue stylistiques.

57. Pierre Staudenmeyer *in* « Qu'est-ce que le design ? », *Beaux-Arts*, hors-série 2006.
58. In *Le Monde*, 11 février 2008.

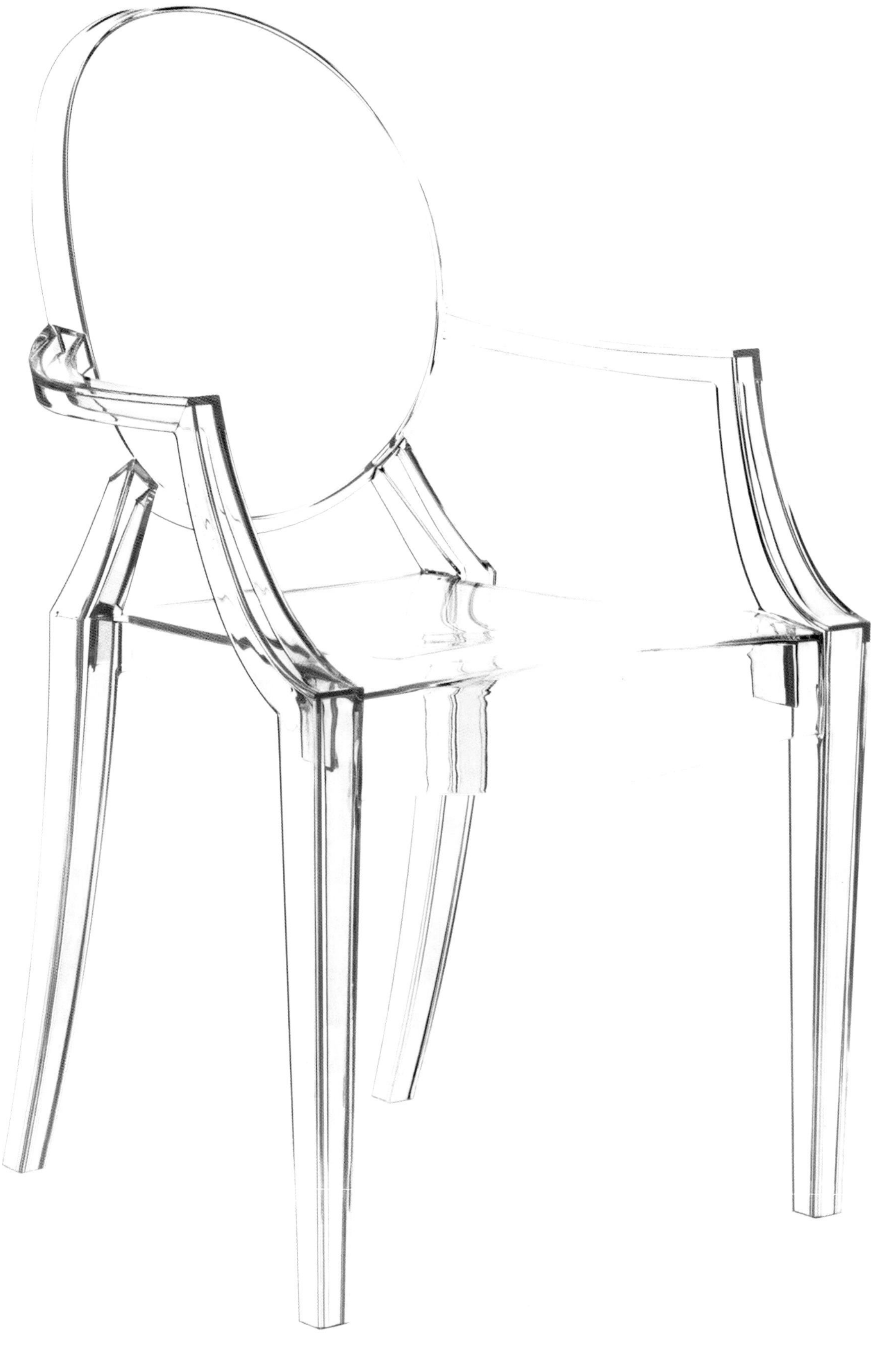

Le plus pertinent dans sa démarche et ce pourquoi il est devenu « tendance » est sa capacité à servir les élites sans jamais négliger les masses, préservant « sincèrement ou non, là n'est plus la question, une inspiration rebelle qui rend sa production accessible à ceux qui n'ont ni le goût ni les moyens d'acheter du "design", confirmant ainsi la dimension sociale de son travail[59] ».

Par son omniprésence et son omnipotence, Philippe Starck dessine les contours du monde contemporain, il entraîne dans son sillage des jeunes générations de designers qui adoptent ce même profil de concepteurs d'engouements. Jurgen Bey, les frères Campana, Matali Crasset, Marc Newson, Ora Ito, Karim Rashid, Marcel Wanders, Jaime Hayon... des trentenaires et des quadras qui ont bien compris que le geste n'est pas le plus important mais que c'est l'effet du geste sur les médias de masse qui compte – des médias producteurs de signes et de symboles qui cherchent à donner une lecture toujours plus simplifiée, pour ne pas dire simpliste, du monde. D'où l'importance de leur transmettre des messages et des images très en surface débarrassés de toute profondeur.

« La célébrité est une donnée du sujet qui ne peut être aussi simplement évacuée. Devenez donc célèbre dans un premier temps. Par la suite, griffonnez quelques croquis fantastiques ou utopiques d'objets aux origines banales. Élaborez un discours et affirmez que leur conception est géniale et donc entièrement nouvelle. [...] Peu importe le projet, ce qui compte c'est qu'il soit partie prenante du spectacle, qu'il soit le spectacle. Rendre le design partie absolument intégrante de la société du spectacle, et entraîner par là même, la production d'un design sensationnel et somptuaire. Faire toujours plus fort pour rester attractif et maintenir l'addiction[60]. »

SOIGNER SON POUVOIR D'INFLUENCE

Dans le domaine de la mode, le Hambourgeois Karl Lagerfeld est de cette trempe. Lui qui a commencé en même temps qu'Yves Saint-Laurent dont on connaît l'immense impact sur l'élégance féminine, aura mis plus de temps à s'épanouir. La vraie carrière de celui qu'on nomme le kaiser de la mode (mot allemand qui signifie empereur, eu égard à ses origines germaniques) débute dans les années 1980 chez Chanel. Son accouplement symbolique avec le mannequin Inès de la Fressange l'expose plus largement sur le devant de la scène, ses atours « dans le coup » séduisent une clientèle branchée.

Le talent d'un designer réside autant dans son savoir-faire que dans son faire savoir, dans son « génie » à publiciser ses visions.

59. Pierre Staudenmeyer, *op. cit.*
60. Laurent Milner *in* Trendmark.fr, octobre 2005.

L'esthétique de l'époque actuelle (comme aux temps anciens) répond à des partis pris forts qui marquent les esprits et « font » la tendance.

Boulimique, il mène de front plusieurs métiers : styliste pour différentes maisons dont la sienne, photographe, éditeur ; il a l'oreille des grands du monde et se pavane avec délectation dans les pages « people » des magazines de luxe et les télévisions. Sa notoriété déjà solide sur tous les continents prend son envol en 2000 quand il décide d'améliorer son profil médiatique en suivant un régime draconien ! Un événement (*sic*) qu'il publicise amplement. Effilé comme un bâton de sucette, le col dur, les doigts multi-bagués et la tonsure blanchie, il apparaît alors comme une rock star.

En 2004, il choisit habilement de faire fructifier sa célébrité en signant un contrat pour une collection chez le distributeur bas de gamme H&M. Un coup de maître et un gigantesque coup médiatique pour ce personnage populaire qui jusque-là se réservait aux élites et descend de son piédestal pour habiller les masses. Sans doute avec moins de générosité qu'un Philippe Starck, mais le geste a été perçu positivement, tant l'engouement a été total. « J'ai une vision de ce que je fais, déclare Karl Lagerfeld. Faire intuitivement. Je ne suis pas une personne de marketing, je suis un type qui dessine ce qu'il voit et qui espère que ça tombera juste. Je ne veux pas me poser trop de questions parce que j'ai trop de facilité avec les réponses... Je déteste les discours pseudo-intellectuels sur la mode. La mode, c'est ce que la rue porte[61]. »

Là encore, la génération de créateurs de mode actuels – John Galliano, Hedi Slimane, Dolce & Gabanna, Viktor & Rolf, Tom Ford, Alexander McQueen, Nicolas Ghesquière, Albert Elbaz, Hussein Chalayan... – a bien saisi l'importance du bruit publicitaire pour sortir du flot assourdissant. Pour devenir une personnalité « à la mode », il ne suffit pas de produire de la mode, de forger des effets de mode, encore faut-il se fabriquer une légende pour asseoir son pouvoir d'influence.

DOUBLE PAGE SUIVANTE :
Karl Lagerfeld, styliste de renom et « people » extravagant, impulse l'air du temps avec brio.

61. *In* L'Express, 26 février 2007.

Confort et esthétisme ultra contemporains, rareté des matériaux pour un style intemporel. Le design en beauté, lignes et formes maîtrisées, parti pris réfléchis. Réédition de meubles classiques des années 30 et 40, effets visuels en noir et blanc.

Sur toutes les surfaces, le clair-obscur joue les effets de lumière avec subtilité.

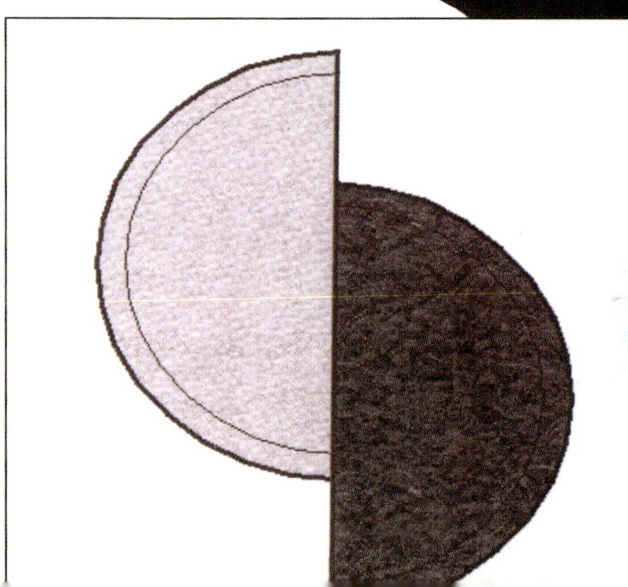

Ultra-contemporary aesthetic looks and comfort, ar
rare materials for timeless style. Beautiful desig
controlled lines and shapes, well thought-out choice
Reproductions of classic furniture from the 30s ar
40s, visual effects in black and white.
Subtle shadow and light play on all surfaces.

Les tendances ont un impact très fort sur le quotidien : elles signalent l'obligation impérative d'être « à la mode ».

LES GOUROUS ONT-ILS DÉPOSÉ LES ARMES ?

APRÈS SOIXANTE ANNÉES d'hégémonie ou presque, bousculés par des électrons libres et des tendanceurs improvisés, les bureaux de style historiques qui ont inventé de toutes pièces et développé ce système vont-ils se fondre dans le magma des faiseurs d'avenir qui pullulent aux quatre coins du monde réel et virtuel ?

« Nous sommes de plain-pied dans la société de l'information, mais aussi de la confusion, analyse Edith Keller. Notre métier, c'est de proposer des grilles de lecture qui redonnent de la valeur à cette information, d'analyser les conséquences des changements qui émergent beaucoup plus rapidement, et de proposer des solutions créatives. Aujourd'hui, nous n'avons plus – si tant est que nous l'ayons vraiment eu – le monopole de ces compétences, mais nous avons assurément une longueur d'avance du seul fait de notre antériorité. Et aussi parce que nous avons su nous remettre en question, nous adapter aux évolutions, nous confronter à un monde en mouvement permanent, un monde qui accélère ses rotations par notre impatience et notre exigence de l'immédiat. »

Face à ces changements toujours plus rapides, les chercheurs évoquent un « capitalisme cognitif » où « le traitement de l'information peut produire un avantage économique capital. [...] Les valeurs matérielles sont toujours là, mais pour devancer la concurrence, le traitement de l'information fait la différence. De plus en plus, la valeur d'une entreprise réside dans ses contenus, ses informations, sa capacité à les gérer. Voilà

Les influences aujourd'hui fusent de toutes parts. Pour retrouver du sens, les gourous d'hier doivent affiner leurs visions.

comment la civilisation agricole et l'ère industrielle cèdent aujourd'hui la place à “la société de l'information”[62]. »

« Les médias ont quintuplé, les réseaux explosent, le monde est très, très ouvert, constate en écho Françoise Serralta. C'est un *open space* qui distille des *open sources* chaotiques, anarchiques, et c'est là où le bât blesse : ce flux continu tous azimuts peut être dangereux et fatal si on ne sait pas sécuriser les sources. Pour les entreprises, pour nos clients, notre capacité analytique est primordiale pour tracer des chemins balisés à travers ce déferlement de signes quotidiens. » Être capable de saisir symboliquement « l'effet papillon », telle pourrait être en partie la particularité de ces professionnels – une théorie initiée en 1972 par le météorologue américain Edward Norton Lorenz et selon laquelle un battement d'aile de papillon au nord peut provoquer une tornade au sud. S'affirmer visionnaire implique en effet de voir, sentir et pressentir ce que les autres ne perçoivent pas.

Pour faire face à ces explosions d'informations et de mouvements, à ces faisceaux d'influences qui jaillissent de toutes parts à la vitesse d'un clic, les spécialistes de la tendance dispose d'un atout maître : la maîtrise des trois temps, passé, présent, futur. Pour se projeter dans l'avenir, il faut être parfaitement ancré dans le réel pour vivre l'actualité du moment sans se laisser déborder par elle, et il faut savoir jeter un œil dans le rétroviseur de l'histoire pour ne jamais oublier d'où l'on vient. « Nous avons pu donner l'impression d'une certaine inconstance, d'une forme de frivolité de ce métier, sans doute parce que nous sommes associés à l'univers de la mode qui fabrique des artifices saisonniers, déplore Françoise Serralta. En réalité, il exige une grande culture qui ne s'improvise pas et un esprit sacrément ouvert. C'est pour cela que les gourous d'hier sont dépassés, aujourd'hui l'humilité s'impose face à un environnement incroyablement brouillé, nous sommes devenus des filtres indispensables. »

Malgré ce sentiment de légèreté, passer par le prisme de la mode semble être encore une nécessité. « Nous avons construit ce métier pour et avec les industries du textile et de la mode, nous demeurons très proches de cet univers, mais nous l'avons largement dépassé. La transversalité n'est pas une posture marketing, c'est notre quotidien. Notre sensibilité n'est pas et n'a jamais été au cloisonnement, mais au contraire à une ouverture à 360° », précise Nelly Rodi.

« Il faut prendre la mode comme un formidable médium qui a cette capacité de renouvellement unique, cette prédisposition aux ruptures, aux surprises, aux révolutions esthétiques, qui irrigue par sa vitalité tous les secteurs de la consommation », explique Edith Keller.

« Il y a une énergie dans la mode qui est très stimulante, c'est encore ce qui fait sa force et son pouvoir d'attraction, elle donne le ton, insuffle des envies de consommation inédites », ajoute Françoise Serralta.

La mode semble anodine en surface mais fortement influente en profondeur, elle apporte un formidable élan à notre environnement esthétique en rassemblant des concepts, des idées, des images, des mots qui créent du sens. Et alimente ce plaisir humain du changement perpétuel.

62. *Journal du CNRS*, novembre-décembre 2003.

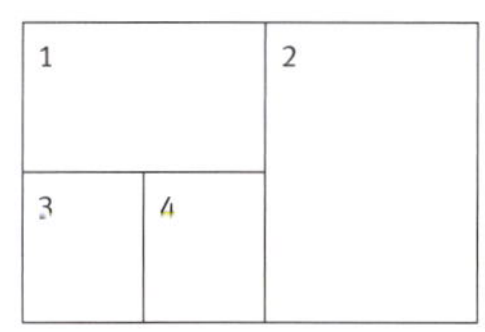

La mode, par ses rythmes frénétiques, demeure un vecteur majeur et un pourvoyeur de tendances qui alimente tous les circuits de la consommation.

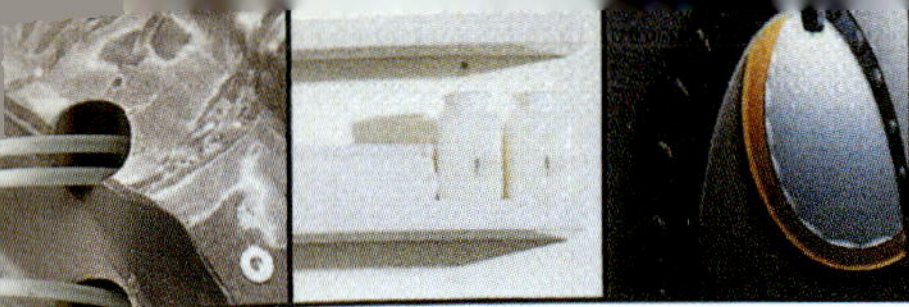

Les bureaux de style ont été très sensibles dès leur origine à la notion de transversalité des influences en abordant tous les secteurs de la création et de la consommation.

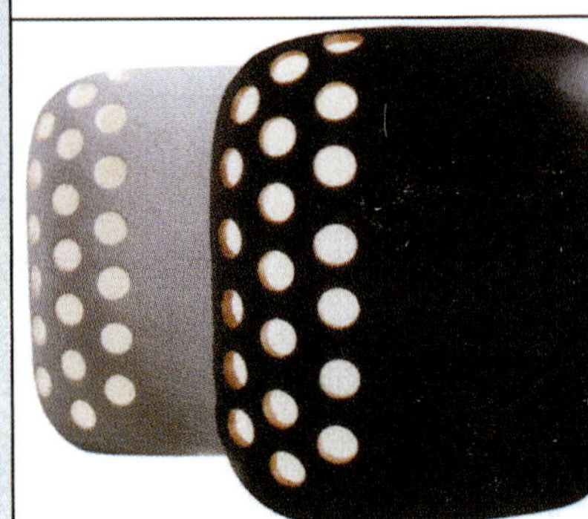

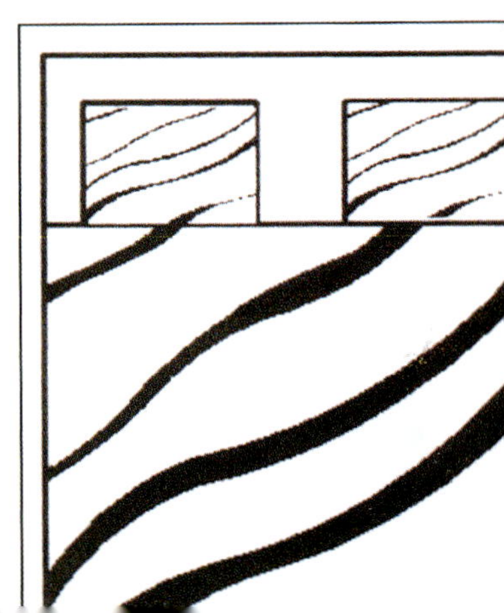

DUALITE/DUALITY

Blancheur et effets lumineux contrôlés ; révélée, reflétée, miroitée ou en contre-jour, la lumière occupe tout l'espace.
Graphismes en damier et quadrillage, impressions en calligraphie et lettrage. Perfection du blanc pur et des tons grisés et métallisés, précision des lignes et matières innovantes, résines noires mates et satinées.

Whiteness and controlled luminous effects: revealed, reflected, shimmering or back-lit, light takes over the entire space.
Checkerboard and grid graphics, calligraphy and lettering prints. The perfection of pure white and gray-cast and metallic tones, precision lines and innovative materials, satiny and matt black resins.

LINEAPIU

BAUMANN

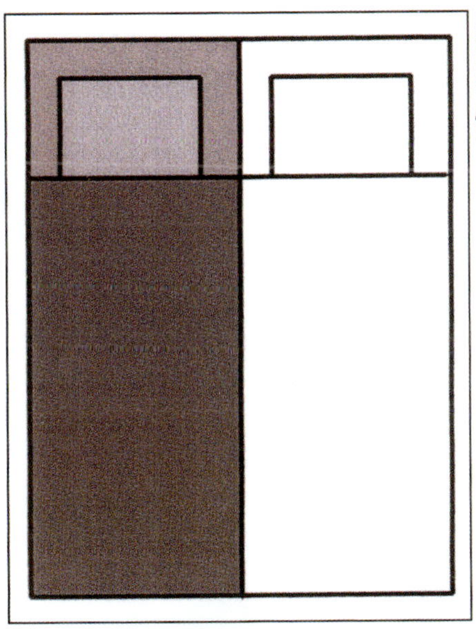

CRÉATION CARLIN

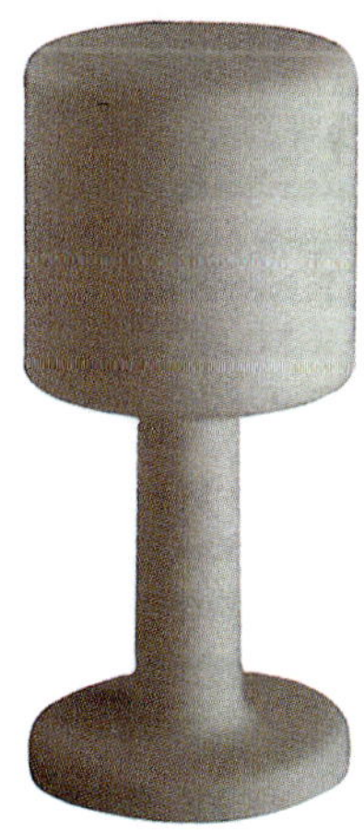

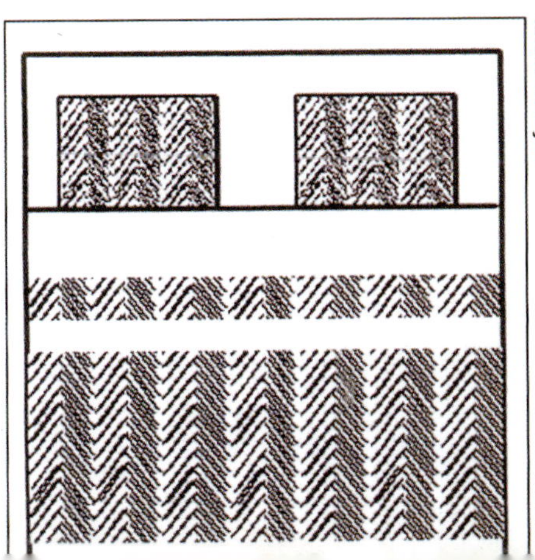

CRÉATION CARLIN

AT&T

Les individus sont de plus en plus sensibles à l'esthétique des choses, le système des tendances s'impose tout à la fois comme catalyseur et révélateur de l'esthétique en germe.

Les tendances touchent désormais tous les produits, elles « habillent » le monde de leur modernité.
Elles sont le témoin tangible de notre adhésion au cycle de la consommation.

ORBEA
ORBEA

LE NOUVEL ÂGE DES TENDANCES

« SAVOIR REGARDER », synthétise Pierre-François Le Louet pour évoquer les qualités essentielles des tendanceurs. Dans leur domaine de compétences – l'anticipation des tendances –, parler de vision a du sens quand celle-ci s'inscrit dans une réflexion où les jeux des hypothèses viennent donner l'étincelle à l'imagination. Mais il ne faut pas négliger que le terme « visionnaire » contient en soi un aspect négatif, voire péjoratif : le sens premier du mot évoque des individus qui croient avoir des visions surnaturelles. Ensuite, il a évolué pour évoquer une personnalité capable d'anticipation, qui a des visions de l'avenir ; un visionnaire est alors quelqu'un qui a su le premier donner une postérité à des idées. Mais là encore, la révélation « surnaturelle » appartient au domaine de l'expérience personnelle. On peut parler d'artistes visionnaires qui partent de leur point de vue, de leurs partis pris, de leur ego et les propagent : à chacun ou non d'adhérer aux utopies de ces leaders.

UN MONDE EN QUÊTE DE VISIONS

Aujourd'hui, dans une globalisation économique instable, il s'agit sans doute moins d'avoir des « visions » que d'avoir le sens des réalités nourries par des projections, des aspérités, des allégations qui vont faire évoluer telle ou telle catégorie de produits, tel ou tel secteur économique, tel ou tel comportement de consommation. La prospective permet alors d'ouvrir le champ des possibles, de travailler sur des

Les tendanceurs d'hier ont traversé les nombreux courants en demeurant fidèles à leur « profession de foi » : tracer des voies d'avenir claires et lisibles.

hypothèses et de stimuler les imaginaires, dans un système où l'économie a absorbé le social et le collectif en exacerbant l'individu, dans une société fragmentée où les ruptures sont brutales.

Le philosophe Gaston Berger a forgé le concept de prospective à la fin des années 1950, la « science du comprendre » qui est, selon lui, « une systématique de la prévision » des projets à long terme. Des personnalités bien inspirées se sont approprié le mot pour enrichir le vocable « tendance » qui s'est beaucoup appauvri du fait de sa banalisation. Associer la veille, l'analyse et l'anticipation, apporte des pistes prospectives, des points de vue extrapolés pour alimenter sur le long terme l'imagination créative de la société. « À l'origine, ce métier était fait par des personnalités illuminées au sens positif du qualificatif, capables de mobiliser leur intuition pour dessiner le monde marchand, raconte Edith Keller. Au fil du temps, cette discipline s'est faite plus théorique avec l'appui de la sociologie, de l'anthropologie, du marketing et même des sciences cognitives. On peut dire que ce métier s'est intellectualisé parce que le monde s'est complexifié. »

Plus encore que de « dessiner le monde marchand », la tendance aujourd'hui permet aussi « d'écrire des scénarios futurs » (et pas futuristes donc essentiellement fictionnels, il ne faut pas se méprendre), de définir des futurs certes hypothétiques mais permettant d'élaborer des créations stimulantes qui transcendent la réalité. « Les cahiers de tendances demeurent l'outil de travail de référence pour ouvrir l'imaginaire et dépasser le réel, le factuel », signale Françoise Serralta. Un bureau de style est devenu une agence ultra-spécialisée qui a étendu ses champs d'investigation pour intégrer les enjeux sociaux, techniques, économiques, politiques, pour ouvrir les pistes nouvelles d'une société de consommation en mutation, pour créer des objets, du sens, des saveurs, des mouvements...

LA MODE, TOUJOURS ET ENCORE

Force est de constater que la tendance est à la mode, jusqu'à être galvaudée. On peut à la fois s'en réjouir et le déplorer. S'en réjouir parce qu'elle inspire des orientations positives. Le déplorer parce que le vocable lui-même est devenu si familier qu'il a perdu son sens initial. Pour prévoir et pressentir une tendance, il faut analyser le présent, décrypter le sensible, faire parler

GÉOMÉTRIE URBAINE
URBAN GEOMETRY

TYPO TUYAUX
PIPE TYPOGRAPHY

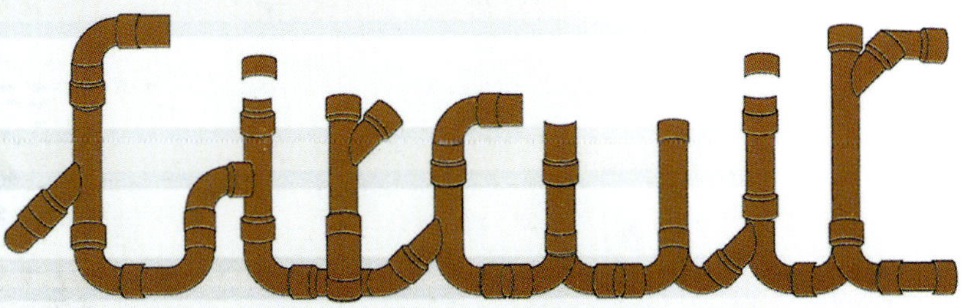

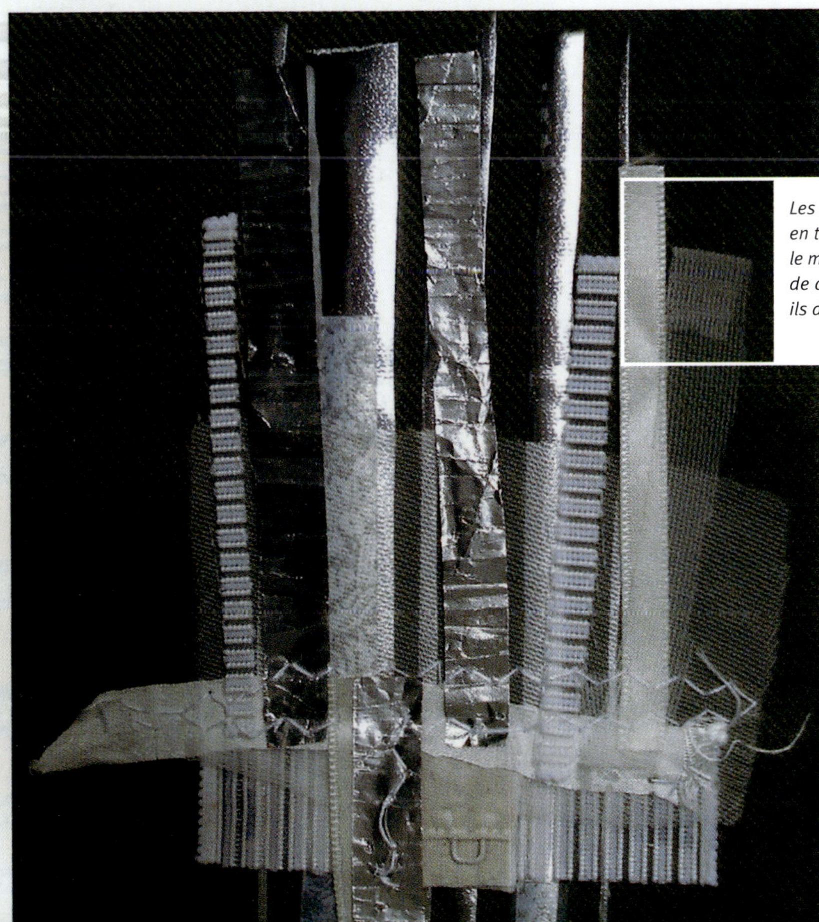

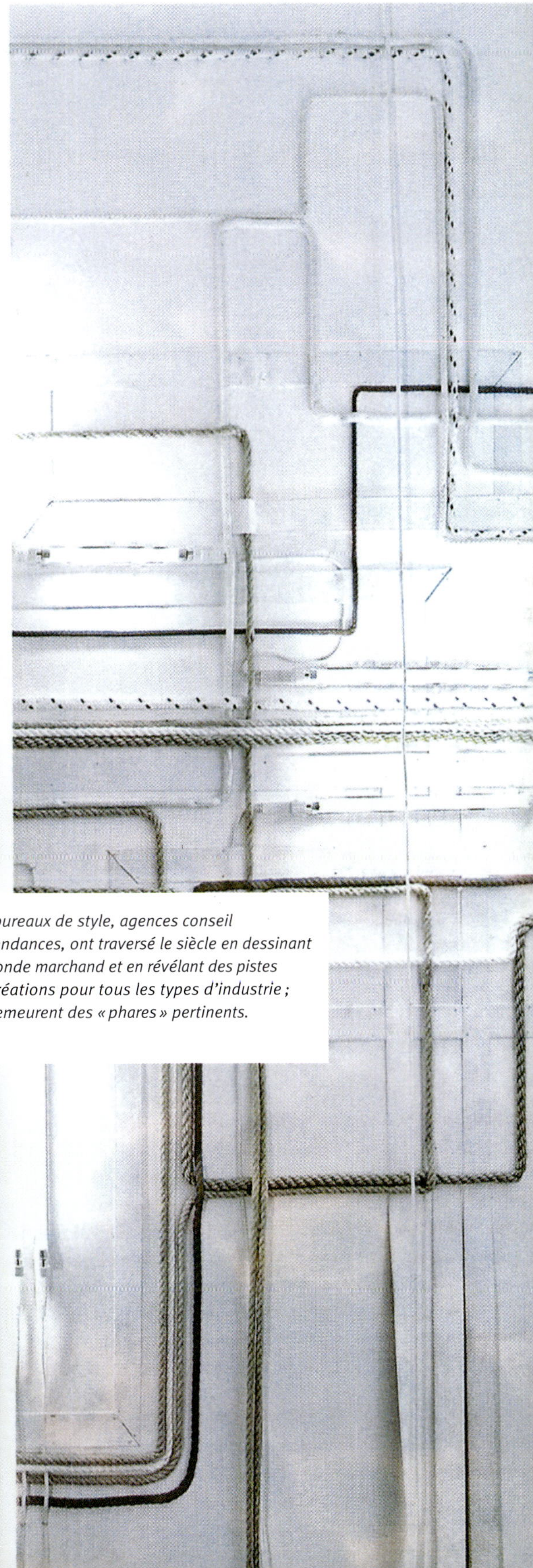

Les bureaux de style, agences conseil en tendances, ont traversé le siècle en dessinant le monde marchand et en révélant des pistes de créations pour tous les types d'industrie ; ils demeurent des « phares » pertinents.

VOLUPTÉ CISELÉE
VOLUPTUOUSLY CHASED METAL

1

2

3

Les cahiers de tendances en apparence dépassés par les nouvelles technologies, restent des outils d'éveil reconnus, utilisés et plébiscités dans le monde entier.

Influences, couleurs & matières Été 2009

Turbulence

S'engager radicalement sur une vision de la modernité ludique, dynamisante, efficace.
Intervenir sur l'environnement décidément trop grisonnant, remonter le moral au beau fixe, réinsuffler un peu d'humour, de plaisir au quotidien. Sans tomber dans le fantaisiste agressif, ni la standardisation politically correct, cela relève de la mission... on s'engage radicalement sur un concept de modernité, à la fois efficace et dynamisant, graphique, coloré, ludique, visionnaire.

Influences, couleurs & matières Été 2009

Utopia

Besoin d'évasion de rêve...l'imaginaire balance entre radiance et étrangeté, entre onirisme et futurisme.
Imaginer un "Au-delà du réel" quotidien, étrange et familier... s'évader dans une subtile intemporalité, se laisser séduire par la grâce de l'éphémère, la manipulation des sens... Déranger d'effets délicatement bizarres une réalité devenue trop plate, pesante, pragmatique ou trop froidement virtuelle. L'onirisme contemporain se teinte de radiance surnaturelle, baigne dans une délicate apesanteur.

Influences, couleurs & matières Été 2009

Fab lab

Parier plus que jamais sur la créativité, le produit "in progress". La customisation industrielle hybride matières, outils et savoir faire.
Modeler, expérimenter, prototyper... La vraie valeur ajoutée, dans une consommation de masse et de standardisation platement industrielle, c'est de parier sur la créativité, l'ingéniosité, d'investir sur la recherche, l'innovation, le produit "in process" polymorphe, où se rejoignent l'imaginaire et le technologique, le primal et le digital.

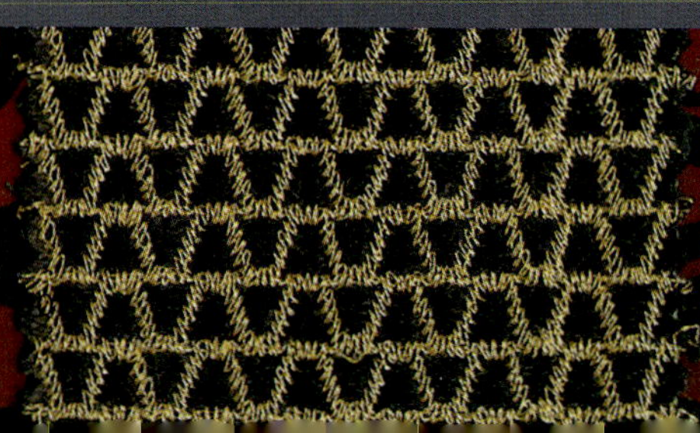

son intuition, explorer l'existant et en contrepoint, être capable de faire émerger le contemporain. Beaucoup considèrent encore qu'il suffit de recueillir des articles de presse, de rassembler des images, de faire un remix de signes pour percer à jour les tendances. Nombre de consultants ou d'agences distillent ainsi leur vision réductrice et créent un amalgame dommageable. Dans un monde médiatique polyphonique, le bruit ambiant est tel que les prophètes peuvent avoir l'oreille des crédules. Et ne s'en privent pas.

Cette confusion des genres réduit et dévalorise une activité qui ne se contente pas d'empiler des concepts tendanciels pour dégager des courants sociétaux. Si la matrice de ce métier demeure l'intuition, elle ne saurait se passer d'analyses de plus en plus affinées, mais surtout de création. « Si nous sommes capables de déceler ce qui va alimenter la consommation à court et à moyen terme, nous nous engageons aussi à créer les produits de demain », dit Nelly Rodi. « C'est notre capacité à lier l'abstrait au concret, le local au global, l'archaïque au contemporain », ajoute Edith Keller.

« Faire la tendance » ne se borne pas à compiler le présent comme beaucoup le pensent et le font, mais à le trier pour y déloger les tendances lourdes et les faits anecdotiques, pour fusionner le réel et le conceptuel. Ensuite, aller encore plus loin pour assumer des partis pris, s'engager avec conviction dans un avenir qui prendra forme dans notre quotidien. Sans oublier d'être « juste » dans les temps : avoir raison trop tôt, c'est avoir tort quand même ; anticiper les tendances exige une capacité à réfréner des intuitions avant-gardistes.

« Le XXIe siècle sera immatériel et humain, déclare le vibrionnant et visionnaire Philippe Starck. Nous devons remplacer la beauté qui est un concept culturel par la bonté qui est un concept humaniste[63]. » Une prophétie que ne renieraient pas les tendanceurs d'hier, d'aujourd'hui et de demain qui ont toujours placé l'homme dans leur collimateur prospectif.

63. In *Technology Review*, avril-mai 2008.

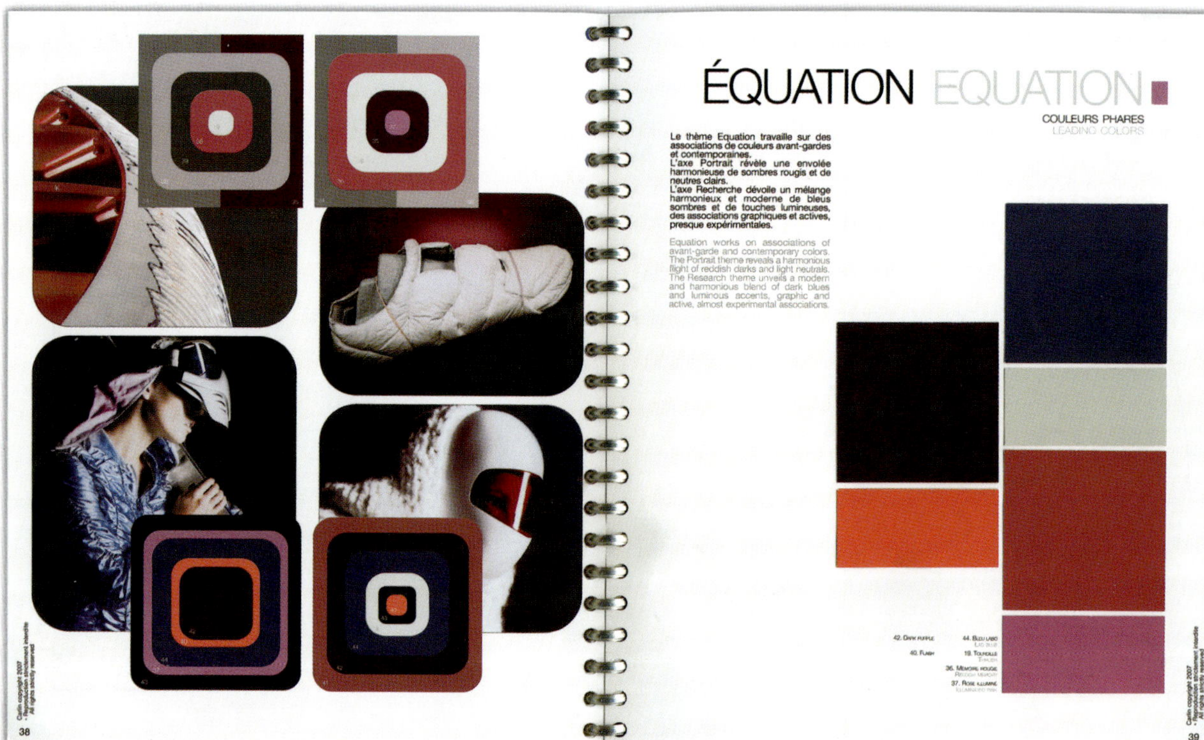

DOUBLE PAGE SUIVANTE :
Les mondes sociaux, économiques, culturels et marchands se sont amplement ouverts et dans le même temps complexifiés. Les visionnaires quels qu'ils soient, sont plus que jamais utiles pour tricoter l'avenir.

SKATE AND THE CITY

A la fois sophistiquée et branchée, la skateuse porte des tenues fitées et sculptées qui reprennent les découpes du denim et empruntent au citywear ses formes incontournables.

Sophisticated yet trendy, the female skateboarder wears fitted and body-conscious outfits that take up denim seaming and borrow citywear's definitive shapes.

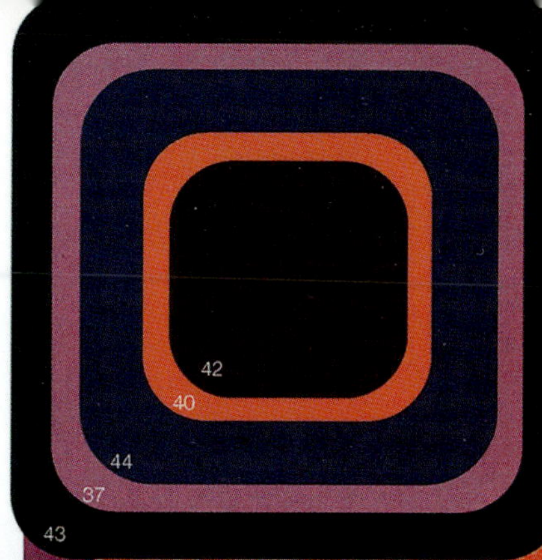

8

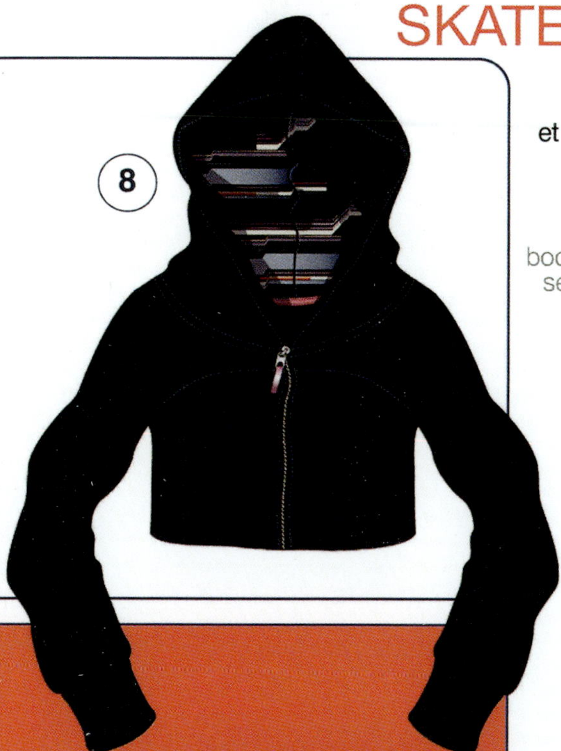

9

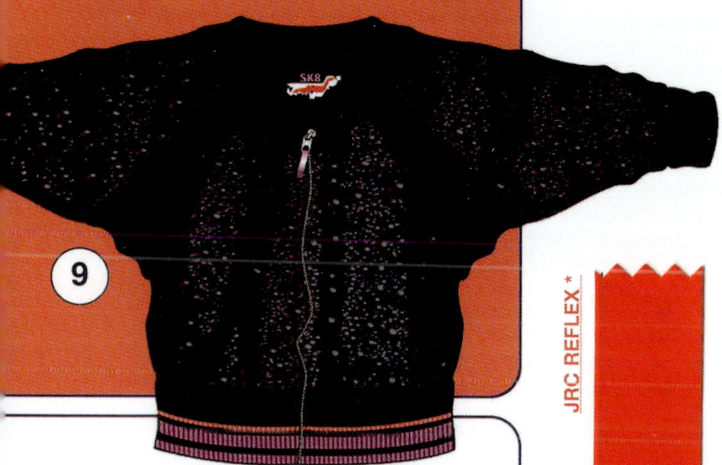

10

11

13

14

15

Par l'énergie qu'elle déploie dans des rythmes toujours plus rapides, la mode s'impose encore et toujours comme un formidable catalyseur de tendances.

TALLULA

NellyRodi™
Reincarnation
fall-winter

FASHION MIXER

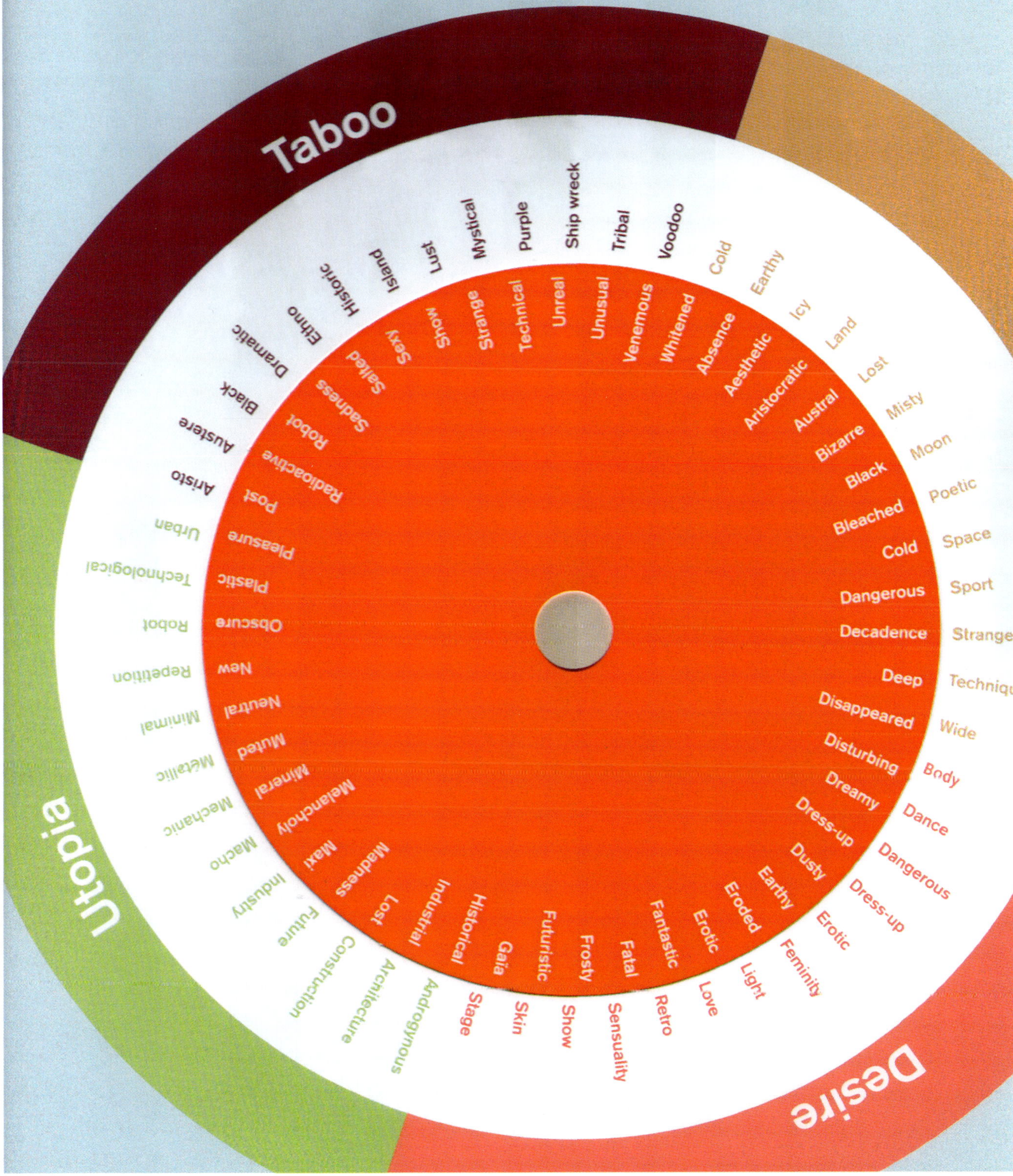

Crédits photographiques

Abréviations :
Coll. : collection
Coll. part. : collection particulière
SIM : Salon international de la maille
CIM : Comité de coordination des industries de la mode
DR : droits réservés

Note : les numéros (1., 2., etc.) qui suivent la mention de la page renvoient au schéma placé en regard des documents.

plat 1 : © Sylvie Maysonnave
plat 4 : © Sylvie Maysonnave
pp. 6-7 : Bill Kaulitz © Gamma
p. 8 : Vue du salon Première Vision hiver 2001-2002 © Première Vision/Didier Griffoulière
p. 11 : 1. Ghislaine Dubrulle-Michaux © DR ; 2. Françoise Serralta © DR ; 3. Forum de tendances Tissu de Lyon hiver 1978-1979 © Archives Première Vision ; 4. Vincent Grégoire © DR ; 5. Lidewij Edelkoort © Archives Première Vision ; 6. Dominique Peclers © Archives Première Vision ; 7. Edith Keller © DR
p. 12 : Fred Carlin © DR/Archives Carlin International
p. 13 : Nelly Rodi © DR
pp. 14-15 : Image de fond : extrait du cahier de tendances couleurs été 1977 Fred Carlin International © Archives Carlin International ; 1. Gamme de couleurs du Comité français de la couleur été 1995 © Comité français de la couleur ; 2. Vue du forum de tendances Première Vision hiver 1998-1999 © Archives Première Vision ; 3. Tendances vitrines hiver 1987-1988 © Archives Première Vision
p. 16 : Patchwork de magazines féminins © Archives Première Vision
p. 18 : 1. et 2. Dessins extraits du cahier de tendances Marketing Style© © Archives NellyRodi
p. 19 : 1. Roller Fila © DR/Fila ; 2. Tendances produits Monoprix été 2008, image extraite du dossier de presse © DR/Monoprix ; 3. Coussins et couverture Maisons du Monde © DR/Maisons du Monde ; 4. Tendances vitrines hiver 1987-1988 © Archives Première Vision
pp. 20-21 : Image de fond : vue intérieure du concept-store Gus © DR/Gus ; 1. Téléphone portable My Way Slim par Modelabs © DR/Modelabs ; 2., 3. et 4. Dessins extraits du cahier de tendances Marketing Style© © Archives NellyRodi
pp. 22-23 : Double page extraite du cahier de tendances Impulsion hiver 2002-2003 Carlin International © Archives Carlin International
p. 24 : Dessins extraits du cahier de tendances Impression hiver 1989-1990 Carlin International © Archives Carlin International
p. 26 : 1. Page extraite du cahier de tendances Intérieurs 2002 Carlin International © Archives Carlin International ; 2. Image extraite du dossier de presse Care 2007 © DR/Care/Carlin International ; 3. Graffitis à Tokyo © Sylvie Maysonnave
p. 29 : Page extraite du cahier de tendances Intérieurs 2002 Carlin International © Archives Carlin International
p. 30 : Dessins extraits du cahier de tendances Impression hiver 1989-1990 Carlin International © Archives Carlin International
p. 33 : Image de fond : extrait du cahier de tendances Graphic Mood hiver 2008-2009 © Archives Carlin International ; 1. Extrait du cahier de tendances Filature hiver 2003-2004 © Archives Carlin International ; 2. Dessins et gamme de couleurs extraits du cahier de tendances Impression hiver 1989-1990 Carlin International © Archives Carlin International
pp. 34-35 : Ouverture d'un magasin Media Markt à Berlin © Ullstein Bild-Caro/Kruppa
pp. 36-37 : *Cornélie, mère des Gracques*, Joseph-Benoît Suvée, huile sur toile, musée du Louvre © Erich Lessing/AKG-images
p. 38 : Peinture murale romaine, art pompéien, Museo Nazionale Archeologico, Naples © AKG-images/Electa
p. 40 : Peinture murale romaine, Museo Nazionale Archeologico, Naples © Erich Lessing/AKG-images
p. 41 : Jules César, sculpture romaine, Kunsthistorisches Museum, Vienne © Erich Lessing/AKG-images
p. 42 : Vue de Lutèce, Coll. Archiv f. Kunst & Geschichte, Berlin © AKG-images
p. 45 : 1. Celtes du début de l'ère chrétienne © Coll. Kharbine-Tapabor ; 2., 3. et 4. Détails de la chanson de geste *Les Quatre Fils Aymon* © Erich Lessing/AKG-images
pp. 46-47 : *Les Quatre Fils Aymon*, enluminure, XVe siècle, bibliothèque de l'Arsenal © Erich Lessing/AKG-images
p. 48 : *Mariage de Catherine de Médicis avec le futur Henri II*, huile sur toile © Sotheby's/AKG-images
p. 51 : Portrait de Catherine de Médicis, détail © Hervé Champollion/AKG-images
p. 52 : *Louis XIV, roi de France*, Hyacinthe Rigaud, huile sur toile, musée du Louvre © Erich Lessing/AKG-images
p. 55 : Portrait de Jacques Martin Hotteterre dit le Romain, Bernard Picart, gravure sur cuivre, 1707 © AKG-images
pp. 56-57 : 1. *Le Déjeuner d'huîtres*, détail © Erich Lessing/AKG-images ; 2. *Concert dans les appartements royaux*, détail, Bibliothèque nationale © AKG-images ; 3. *Louis XIV, roi de France*, détail © Erich Lessing/AKG-images ; 4. *Le Déjeuner d'huîtres*, détail © Erich Lessing/AKG-images ; 5. Illustration des *Femmes savantes*, gravure, v. 1880 © Coll. Jonas/Kharbine-Tapabor ; 6. *Louis XIV, roi de France*, Hyacinthe Rigaud, huile sur toile, musée du Prado © Erich Lessing/AKG-images ; 7. La duchesse de Foix, gravure sur bois d'ap. Chevignard, 1691 © AKG-images
p. 58 : Coiffure à la Fontanges, gravure sur bois © AKG-images
p. 59 : *Le Déjeuner d'huîtres*, Jean-François de Troy, huile sur toile, musée Condé, Chantilly © Erich Lessing/AKG-images
pp. 60-61 : *Concert dans les appartements royaux*, gravure sur cuivre, Bibliothèque nationale © AKG-images
p. 62 : « La Caricature provisoire », *Le Mariage de Figaro* de Pierre-Augustin Caron de Beaumarchais © Coll. Dixmier/Kharbine-Tapabor
p. 65 : Costume de Figaro, gravure. Illustration Henry Morin © Coll. Kharbine-Tapabor
p. 66 : Sans-culotte, caricature anglaise sur la Terreur, 1793-1794 © AKG-images
p. 69 : *Sacre de l'empereur Napoléon et couronnement de l'impératrice Joséphine à Notre-Dame le 2 décembre 1804*, détail. Jacques Louis David, huile sur toile © Erich Lessing/AKG-images
pp. 70-71 : 1. « Les Merveilleuses », caricatures de Vernet © Mary Evans/Keystone ; 2. Femme sans-culotte, caricature anglaise sur la Terreur, 1793-1794 © AKG-images ; 3. Sans-culotte, caricature anglaise sur la Terreur, 1793-1794, détail © AKG-images ; 4. *Sacre de l'empereur Napoléon*, détail. © Erich Lessing/AKG-images ; 5. George Bryan Brummell © Mary Evans/Keystone
p. 72 : Charles Frederick Worth © Coll. Kharbine-Tapabor
p. 75 : Robe du soir de Dœuillet, lithographie © AKG-images/DR
pp. 76-77 : Christian Dior, 3 août 1955 : défilé dans le grand amphithéâtre de la Sorbonne à Paris © Paul Almasy/AKG-images
pp. 78-79 : Fred Carlin et son équipe en 1967 © Coll. part. Ghislaine Dubrulle-Michaux
p. 80 : Stand de Carlin International en 1983 au SIM © Coll. part. Ghislaine Dubrulle-Michaux
p. 82 : Couverture du *Jardin des Modes*, février 1959 © DR/Coll. part. Dominique Cuvillier
p. 84 : 1. Édito mode du *Jardin des Modes*, collections été 1952 « Des goûts et des couleurs » où le gris est toujours en vedette avec le beige… © DR Coll. part. Dominique Cuvillier ; 2. Ghislaine Dubrulle-Michaux et une collègue, premières stylistes en 1967 © Coll. part. Ghislaine Dubrulle-Michaux ; 3. Extrait du cahier de tendances Concept hiver 1989-1990 Nelly Rodi © Archives NellyRodi
p. 85 : Marlon Brando, *L'Équipée sauvage*, 1954 © Columbia Pictures/Album/AKG
p. 87 : Maïmé Arnodin et Denise Fayolle © DR
pp. 88-89 : Image de fond : extrait du cahier de tendances Impressions hiver 1989-1990 Carlin International © Archives Carlin International ; 1. Extrait du cahier de tendances Concept hiver 1989-1990 Nelly Rodi © Archives NellyRodi ; 2. Invitation à danser © Ullstein bild/AKG-images ;

3. Extrait du cahier de tendances Concept hiver 1989-1990 Nelly Rodi © Archives NellyRodi ; 4. L'équipe style de l'agence Carlin International en 1979 © Coll. part. Ghislaine Dubrulle-Michaux ;
5. Publicité Lempereur « habille les demoiselles » in *Jardin des Modes*, avril 1952 © DR/Coll. part. Dominique Cuvillier
p. 90 : © Paul Almasy/AKG-images
p. 91 : Jeune couple à Paris © Paul Almasy/AKG-images
p. 92 : Le siège du bureau Fred Carlin dans les années 1970 © Archives Carlin International
p. 95 : Publicité pour le bureau de style Fred Carlin, d'après Gruau © Archives Carlin International
p. 96 : Image de fond : extrait du cahier de tendances Accessoires été 1985 du CIM dirigé par Nelly Rodi avec Lidewij Edelkoort comme responsable style © Coll. part. Suzanne Marest ; 1. Réunion Intercolor en Finlande avec l'auteur et Suzanne Marest en 2006 © DR ; 2. Stand Dominique Peclers sur le salon Première Vision, début des années 1980 © Archives Première Vision
pp. 99 à 101 : in *Jardin des Modes*, rapport haute couture été 1952, pages 25, 26, 27 © DR Coll. part. Dominique Cuvillier
p. 102 : Extrait du cahier de tendances Accessoires été 1985 du CIM, dirigé par Nelly Rodi avec Lidewij Edelkoort comme responsable style © Coll. part. Suzanne Marest
p. 103 : Doubles pages du cahier de tendances T-shirts été 1999 Carlin International © Archives Carlin International
p. 104 : Extrait du cahier de tendances Filature hiver 2003-2004 Carlin International © Archives Carlin International
p. 107 : Image de fond : cahier de prévisions maille été 1977 Fred Carlin International © Coll. part. Ghislaine Dubrulle-Michaux ;
1. Extrait du cahier de prévisions maille femme hiver 1978-1979 Fred Carlin International © Coll. part. Ghislaine Dubrulle-Michaux ;
2. Extrait du cahier de prévisions maille femme hiver 1978-1979 Fred Carlin International © Coll. part. Ghislaine Dubrulle-Michaux ;
3. Extrait du cahier de tendances maille femme été 1983 Fred Carlin International © Coll. part. Ghislaine Dubrulle-Michaux
pp. 108 à 111 : Cahiers de tendances Carlin International. Évolution, de la création de l'agence en 1967 à nos jours © Archives Carlin International
p. 112 : Deux professionnelles devant un forum de tendances, salon Première Vision © Première Vision/Didier Griffoulière
p. 115 : Forum de tendances, salon Première Vision © Première Vision/Didier Griffoulière
p. 117 : Image de fond : extrait du cahier de tendances Lingerie-Homewear hiver 1985-1986 Carlin International © Archives Carlin International ;
1. Image extraite du cahier de tendances Lingerie-Homewear hiver 1985-1986 Carlin International © Archives Carlin International ; 2. Concertation de stylistes pour l'hiver 1989-1990 dans le cadre de Première Vision © Archives Première Vision ;
3. Gamme de couleurs extraite du cahier de tendances Concept hiver 1989-1990 Nelly Rodi © NellyRodi ; 4. Stylistes au salon Première Vision en 1989 © Archives Première Vision
pp. 118-119 : Doubles pages extraites du cahier de prévisions maille femme hiver 1978-1979 Carlin International ©Archives Carlin International
pp. 120-121 : Doubles pages extraites du cahier de tendances maille femme été 1983 Carlin International © Archives Carlin International
pp. 122-123 : Double page extraite du cahier de tendances Filature hiver 2003-2004 Carlin International © Archives Carlin International
p. 124 : Extrait de la gamme de couleurs été 1990 du Comité français de la couleur © Comité français de la couleur
p. 126 : 1. Extrait du cahier de tendances couleurs automne-hiver 1989-1990 de NellyRodi © Nelly Rodi ; 2. Extrait du cahier de tendances couleurs été 1992 de Carlin International © Archives Carlin International ;
3. Extrait de la gamme de couleurs été 1992 du Comité français de la couleur © Comité français de la couleur ; 4. Extrait de la gamme de couleurs hiver 1991-1992 du Comité français de la couleur © Comité français de la couleur
p. 129 : Le cercle magique des couleurs, salon Première Vision © Archives Première Vision
pp. 130, 131 : Tendances été 1998, salon Première Vision © Première Vision/Didier Griffoulière
p. 132 : Extrait du cahier de tendances couleurs hiver 1989-1990 Carlin International © Archives Carlin International
p. 133 : Extrait du cahier de tendances couleurs hiver 1989-1990 Carlin International © Archives Carlin International
pp. 134-135 : Image du forum de tendances hiver 2000-2001, salon Première Vision © Première Vision/Didier Griffoulière
p. 136 : Montre Lacoste © DR/Lacoste
p. 139 : 1. Raquette Gypsy Rose Wilson © DR/Wilson ; 2. Jupe Wilson © DR/Wilson ; 3. Top Wilson © DR/Wilson ; 4. Bijoux Swarovski © DR/Swarovski ; 5. Montre DKNY © DR/DKNY ; 6. Basket Tour II Wilson © DR/Wilson ; 7. Parfum Stella Cadente © DR/Stella Cadente ; 8. Bijoux Swarovski © DR/Swarovski ; 9. Gant de golf Wilson © DR/Wilson ; 10. Montre Go Girl Only © DR/Go Girl Only ; 11. Sac de golf Wilson © DR/Wilson ; 12. Sandale Ipanema by Gisèle Bundchen © DR/Ipanema
p. 141 : Extrait du cahier de tendances Accessoires été 1985 du CIM © Coll. part. Suzanne Marest
pp. 142-143 : Doubles pages extraites du cahier de tendances Accessoires hiver 1983-1984 du CIM © Coll. part. Suzanne Marest
pp. 144, 145 : Forum de tendances du salon Première Vision © Première Vision/Didier Griffoulière
p. 146 : Réunion Intercolor à Koli en Finlande en 2006 © Intercolor IC
p. 148 : 1. Vue du forum de tendances hiver 2001-2002 du salon Première Vision © Première Vision/Jean-Pierre Favreau ;
2. Vue du salon Première Vision © Archives Première Vision ; 3. Dominique Peclers lors d'une concertation de stylistes au salon Première Vision © Archives Première Vision
p. 151 : 1. à 6. Photos de la réunion Intercolor à Koli en Finlande en 2006 © Intercolor IC
p. 152 : Une vue du salon Première Vision © Archives Première Vision
p. 153 : Une vue du salon Première Vision © Archives Première Vision
pp. 154-155 : Double page extraite du cahier de tendances Intérieurs 2002 Carlin International © Archives Carlin International
p. 156 : Styliste au travail, salon Première Vision © Archives Première Vision
pp. 158-159 : 1. Styliste au travail, salon Première Vision © Archives Première Vision ;
2. Des professionnels autour d'un forum de tendances, salon Première Vision © Première Vision/Jean-Pierre Favreau ;
3. Extrait du cahier de tendances Impressions hiver 1989-1990 Carlin International © Archives Carlin International ;
4. Vue du forum de tendances été 1998, salon Première Vision © Première Vision/Didier Griffoulière
p. 161 : Vue du forum de tendances printemps-été 1998, salon Première Vision © Première Vision/Didier Griffoulière
pp. 162-163 : Image de fond : Vue du forum de tendances été 1998 © Première Vision/Jean-Pierre Favreau ;
1. Styliste travaillant au salon Première Vision pour la saison hiver 2001-2002 © Première Vision/Didier Griffoulière ;
2. Pages extraites du cahier de tendances couleurs 2002 PeclersParis © PeclersParis ;
3. Un styliste au travail, salon Première Vision © Archives Première Vision
pp. 164-165 : Vue du forum de tendances été 1998, salon Première Vision © Première Vision/Jean-Pierre Favreau
p. 166 : Couverture du cahier de tendances prêt-à-porter femme hiver 1998-1999 Carlin International © Archives Carlin International
p. 168 : Extrait du cahier de tendances prêt-à-porter femme hiver 1998-1999 Carlin International © Archives Carlin International
pp. 170-171 : Extrait du cahier de tendances prêt-à-porter femme hiver 1998-1999 Carlin International © Archives Carlin International
pp. 172-173 : Extraits du cahier de tendances prêt-à-porter homme hiver 1988-1989 Carlin International © Archives Carlin International
pp. 174-175 : Deux stylistes au travail au salon Première Vision © Archives Première Vision

p. 176 : Extrait du cahier de tendances Intérieur 2002 Carlin International © Archives Carlin International
p. 178 : 1., 2. et 3. Extraits du cahier de tendances T-shirts été 1999 Carlin International © Archives Carlin International ; 4. Extraits du cahier de tendances Impulsion été 1992 Carlin International © Archives Carlin International
p. 179 : Extrait du cahier de tendances Intérieur 2002 Carlin International © Archives Carlin International
p. 180 : Extrait du cahier de tendances Wool Flash du CIM © Coll. part. Suzanne Marest
p. 182 : Extrait du cahier de tendances Mode Sport hiver 2008-2009 Carlin International © Carlin International
pp. 184 (1. à 3.), 185 : Extraits du cahier de tendances Mode Sport hiver 2008-2009 Carlin International © Carlin International
p. 187 : Extrait du cahier de tendances Mode Sport hiver 2008-2009 Carlin International © Carlin International
p. 188 : Le Minitel © Coll. Lou/Kharbine-Tapabor
p. 191 : 1. Page d'accueil du site Internet wgsn.com © DR ; 2. Page d'accueil du site Internet promostyl.com © DR ; 3. Page d'accueil du site Internet nellyrodilab.com © DR ; 4. Extrait du cahier de tendances Graphic Mood hiver 2008-2009 © Archives Carlin International
p. 193 : Doubles pages extraites du cahier de tendances Harmonies Maison Carlin International © Archives Carlin International
pp. 194-195 : Double page extraite du cahier de tendances Filature 2003-2004 Carlin International © Archives Carlin International
p. 196 : Des vitrines à travers le monde (été 1989) © Archives Première Vision
p. 199 : Le mannequin Twiggy à Londres dans les années 1960 © Ullstein Bild/AKG-images
p. 200 : Image de fond : extrait du cahier de tendances Graphic Mood hiver 2008-2009 Carlin International © Carlin International ; 1., 2. et 3. Nelly Rodi propose des idées de vitrines associées aux thématiques de la saison pour animer les magasins. Cahier de tendances Marketing Style© © Archives NellyRodi
pp. 202-203 : Double page extraite du cahier de tendances Graphic Mood hiver 2008-2009 Carlin International © Carlin International
pp. 204-205 : Double page extraite du cahier de tendances Impulsions hiver 2002-2003 Carlin International © Archives Carlin International
pp. 206-207 : Mannequins figuratifs sur le forum de tendances Première Vision en 1997, saison printemps-été 1998 © Première Vision/Jean-Pierre Favreau
p. 208 : Forum de tendances Première Vision en 1998, saison printemps-été 1999 © Première Vision/Jean-Pierre Favreau
pp. 210-211 : Double page extraite du cahier de tendances Sport homme hiver 2008-2009 Carlin International © Carlin International
p. 212 : Vue du salon Première Vision © Première Vision/Jean-Pierre Favreau
pp. 214-215 : 1. Gamme de couleurs du Comité français de la couleur « Homo-Chromie » saison automne-hiver 2005-2006 réalisée en octobre 2003 © Comité français de la couleur ; 2., 3. et 4. Gamme automne-hiver 1999-2000 du Comité français de la couleur © Comité français de la couleur
p. 217 : Un vêtement hologramme en 1997 au salon Première Vision saison printemps-été 1998 © Première Vision/Gilles Coutin
pp. 218-219 : Double page extraite du cahier de tendances Sport homme hiver 2008-2009 Carlin International © Carlin International
pp. 220-221 : Une vue du forum de tendances Première Vision en 1999 pour la saison automne-hiver 2000-2001 © Première Vision/Jean-Pierre Favreau
p. 222 : Page extraite du cahier de tendances Impulsions hiver 2002-2003 Carlin International © Archives Carlin International
p. 225 : Page extraite du cahier de tendances Impulsions hiver 2002-2003 Carlin International © Archives Carlin International
pp. 226-227 : Double page extraite du cahier de tendances Graphic Mood hiver 2008-2009 Carlin International © Carlin Internatinal
pp. 228-229 : Une vue du forum de tendances Première Vision en 1999 pour la saison automne-hiver 2000-2001 © Première Vision/Jean-Pierre Favreau
p. 231 : Des anonymes photographiés dans les rues de Tokyo © Sylvie Maysonnave
p. 233 : 1., 4. et 5. Des anonymes photographiés dans les rues de Tokyo © Sylvie Maysonnave ; 2. Une page du cahier Inspirations + hiver 2009-2009 PeclersParis © PeclersParis ; 3. Corner de la marque urbaine WeSC au Citadium © DR/Citadium
pp. 234-235 : 1. Une page du catalogue de présentation de la société stylesight.com, informations style sur Internet © DR/Style Sight ; 2., 3., 4. et 5. Captures d'écran du site Internet thesartorialist.blogspot.com © DR/The Sartorialist ; 6. et 7. Captures d'écran du site Internet theuncoolhunter.com © DR/The Uncoolhunter
pp. 236-237 : Double page extraite du cahier de tendances Graphic Mood hiver 2008-2009 Carlin International © Carlin International
p. 238 : David Beckham © Eurofoto/Gamma
pp. 240-241 : Photo extraite du film *La Dolce Vita* en 1960 © AKG-images
p. 243 : 1. Le photographe Mario Testino et Lady Diana © Ian Lloyd/Camera Press/Gamma ; 2. Louise Brooks © Album/AKG ; 3. Marylin Monroe © Pele Coll./Stills/Gamma
p. 244 : 1. Bill Kaulitz © AKG-images/Jazz Archiv Hamburg ; 2. Fabien Barthez © Kunkel Michael/Hoch Zwei/Gamma
p. 246 : Couverture du magazine *Numéro*, n° 59 © SØlve SundsbØ/Groupe Ayache
p. 248 : Diana Vreeland © Cecil Beaton/Camera Press/Gamma
p. 249 : Carine Roitfeld et Tom Ford © Tina Paul/Camera Press/Gamma
p. 251 : Couverture du *Vogue* américain d'avril 1992, dirigé par Anna Wintour © Patrick Demarchelier/The Condé Nast Publications Inc./Coll. part. Dominique Cuvillier
p. 252 : Couverture du magazine *Numéro*, n° 92 © Greg Kadel/Groupe Ayache
p. 253 : Babette Djian © Karl Lagerfeld
p. 254 : Couverture du magazine *Jill* en 1983 © Jean-Jacques Castres/Éditions A.G. Presse/Coll. part. Dominique Cuvillier
p. 255 : Couverture de *L'Officiel de la Couture et de la Mode de Paris* © Editions Jalou
p. 256 : Couverture du numéro spécial du magazine *Wallpaper*, n° 100-1998 © Roberto D'Este/Time Warner Company/Coll. part. Dominique Cuvillier
p. 258 : 1. et 2. Couvertures du magazine *Jalouse* © Éditions Jalou
p. 259 : Une de *Libération* du 9 février 1987 en « bleu », opération publicitaire RSCG pour le Club Med © DR/Coll. part. Dominique Cuvillier
pp. 260-261 : Dessin extrait du cahier de tendances Graphic Mood été 2006 Carlin International © Carlin International
p. 262 : Jeune Japonaise branchée © Sylvie Maysonnave
p. 264 : Motif extrait d'une page du cahier de tendances Concept hiver 2008 NellyRodi © NellyRodi
p. 265 : Jeune Japonais branché © Sylvie Maysonnave
pp. 266-267 : Dessins extraits du cahier de tendances Graphic Mood été 2006 Carlin International © Archives Carlin International
p. 268 : Dessin extrait du cahier de tendances Graphic Mood été 2006 Carlin International © Archives Carlin International
p. 270 : Wu-Tang Cla © Alexis C. Glenn/UPI/Gamma
p. 271 : Lil'John © Abosch Kevin/Gamma
p. 272 : 1. Dessin extrait du cahier de tendances Graphic Mood été 2006 Carlin International © Archives Carlin International ; 2. Snoop Dog © Sean Harrison/Camera Press/Gamma
p. 274 : Page extraite du cahier de tendances Sport hiver 2008-2009 Carlin International © Carlin International
p. 275 : 1. à 5. Motifs et vêtements de la marque urbaine Eckô © DR/Eckô unltd
pp. 276-277 : 1. Paire de tongs collector en or Reef Mick Fanning © DR/Reef Mick Fanning ; 2. Écouteurs de la marque urbaine WeSC présentée dans le magasin Citadium à Paris © DR/WeSC ; 3. et 4. Motifs de T-shirts de la marque urbaine Eckô © DR/Eckô unltd ; 5. et 6. Baskets collector de la marque Adidas chez Foot Locker © DR/Adidas/Foot Locker
p. 278 : Philippe Starck © Han Lee De Boer/Camera Press/Gamma

p. 280 : Fauteuil Starck Louis Ghost-Kartell
© DR/Starck Network
p. 282 : 1. Starck Asahi Beer Hall 1990 à Tokyo
© DR/Starck Network ; 2. Tabouret haut
W. W. Stool Starck-Vitra 1990
© Starck Network/Andreas Sütterlin ;
3. Brosses à dents et bases Starck-Fluocaril
1989 © DR/Starck Network ;
4. Presse-agrumes Starck Juicy Salif Alessi
1990 © DR/Starck Network
pp. 284-285 : Karl Lagerfeld
© Hounsfield/Gamma
pp. 286-287 : Extraits du cahier de tendances
Intérieurs 2002 Carlin International
© Archives Carlin International
p. 288 : Ambiance Habitat
© Henri Bourne/Habitat
p. 291 : 1. Basket 4 Pro en peau de serpent
argent Freddy © DR/Freddy ; 2. Lampe
Ribbon Habitat © S. de Bourgies/Habitat ;
3. et 4. Téléphone portable Elite Model Look
par Modelabs © DR/Modelabs
pp. 292-293 : Extraits du cahier de tendances
Intérieurs 2002 Carlin International
© Carlin International
p. 294 : Lampe Miss Pac Habitat
© S. de Bourgies/Habitat
p. 295 : Automobile Stella Cadente pour
SkodaFabia © DR/Skoda
pp. 296-297 : Bicyclette Carpe Diem par Orbea
© DR/Orbea
p. 298 : Page extraite du cahier de tendances
Concept hiver 2008 NellyRodi © NellyRodi
p. 301 : Dessins extraits du cahier de tendances
Graphic Mood été 2006 Carlin International
© Archives Carlin International
p. 302 : Image de fond : extrait du cahier
de tendances Graphic Mood été 2006 Carlin
International © Carlin International ;
1., 2. et 3. Pages extraites du cahier de tendances
Influences, couleurs & matières été 2009
PeclersParis © PeclersParis
pp. 304, 305 : Pages du cahier de tendances
Sport hiver 2008-2009 Carlin International
© Carlin International
p. 306 : Couverture du cahier de tendances
Concept hiver 2008 NellyRodi © NellyRodi
p. 307 : Extrait du cahier de tendances Concept
hiver 2008 NellyRodi © NellyRodi

Remerciements

Je tiens à remercier toutes les personnalités qui m'ont consacré du temps et qui ont apporté toute la lumière sur le sujet, en premier lieu, Edith Keller, P-DG de l'agence Carlin International, Ghislaine Dubrulle-Michaux, responsable du style pour l'agence Carlin International, Nelly Rodi, fondatrice et directrice de création de l'agence éponyme, Pierre-François Le Louet, président-directeur général de l'agence NellyRodi, Françoise Serralta, directrice de la recherche de l'agence PeclersParis, Suzanne Marest, vice-présidente du Comité français de la couleur et Sylvie Maysonnave, tendanceuse et inépuisable tête chercheuse.

Je remercie également Françoise Vincent, fondatrice de l'agence Promostyl, Olivier Guillemin, président du Comité français de la couleur, Philippe Pasquet, président du directoire de Première Vision Pluriel, Christiane de Clavière, en charge de la communication du salon Première Vision et Antoine Arnodin.

J'adresse une pensée respectueuse à Maïmé Arnodin, précurseur de cette profession qui fut la fondatrice de l'agence Mafia.

Merci à Catherine Champeyrol.

Dominique Cuvillier est un spécialiste des tendances de consommation. Il est directeur-rédacteur en chef de la Web revue Trendmark.fr, secrétaire général du Comité français de la couleur, enseignant (Institut supérieur du marketing du luxe, Institut supérieur spécialisé de la mode, Atelier Chardon-Savart) et écrivain ; derniers livres parus : *Les femmes sont-elles solubles dans la mode ?* (Éditions des Écrivains, 2007), *À vue d'œil, une aventure de lunettes* (Éditions du Chêne, 2007). Le blog de Dominique Cuvillier : www.cuvillierconsultant.fr

Édition : Colette Véron
Responsable artistique : Gaëlle Junius
Conception graphique et réalisation : Marie-Paule Jaulme
Lecture-correction : Isabelle Macé
Fabrication : Amandine Sevestre

Photogravure APS Chromostyle
Achevé d'imprimer en France par Pollina - L47825
Dépôt légal : septembre 2008
ISBN/EAN 978-2-84277-923-8
34/2085/8-01